영어의 기초를 다져 주는
magic

영어의 기초를 다져 주는

ABC 초등 영어회화 첫걸음(개정판)

2019년 12월 5일 초판 1쇄 발행
2023년 12월 15일 개정 1쇄 인쇄
2023년 12월 20일 개정 1쇄 발행

지은이 Lina·이동호
펴낸이 이규인
펴낸곳 국제어학연구소 출판부
책임편집 이희경
편 집 박정애
삽 화 이경
표지 디자인 현상옥
편집 디자인 김미란·최영란

출판등록 2010년 1월 18일 제302-2010-000006호
주소 서울특별시 마포구 대흥로4길 49, 1층(용강동 월명빌딩)
Tel (02) 704-0900 **팩시밀리** (02) 703-5117
홈페이지 www.bookcamp.co.kr
e-mail changbook1@hanmail.net

ISBN 979-11-9792045-5 13740
정가 18,000원

"

어린아이들이 우리말을 하는 과정을 살펴보면 어느 날 갑자기 자신의 의견을 또박또박 표현하기 시작합니다. 이처럼 갑자기 말문이 트이기 시작하기 전의 일정한 기간을 침묵 기간(Silent Period)이라 합니다.

영어를 습득하는 과정도 마찬가지입니다. 처음부터 영어를 잘하게 되는 것이 아니라, 상당한 기간 영어를 받아들이는 기간이 필요합니다. 어느 정도 시간이 지나면 아이들은 영어를 편안히 느낄 수 있는 단계에 이르고, 어느 순간 영어로 자신의 생각을 표현하기 시작합니다.

우리나라와 같은 EFL (English as a foreign language)* 환경에서는 이러한 침묵 기간이 더 오래 필요하게 됩니다. 또한 침묵 기간 동안 상당한 노력을 기울여 단어도 외우고, 영어의 문장구조도 익히고, 필요하면 문장도 외우는 노력을 하여야 합니다. 어린이들에게는 이러한 '침묵 기간'이 길고 지루하고 힘들게 느껴질 것입니다. 이때 부모님들이 옆에서 이러한 상태에 있는 아이들을 잘 인도하여야 합니다.

본 교재는 영어를 처음 접하는 초등학교 어린이들을 염두에 두고 개발된 시리즈입니다. 발음에 자신이 없다면 책 속의 독음을 보고 MP3 녹음을 들으며 큰소리로 따라 해 보세요. 이 책에서 제시한 대로 영어를 익히다 보면 어느 순간 말문이 트이게 되는 경험을 하게 될 것입니다.

저자 Lina, 이동호

* **ESL & EFL** 영어를 배우는 환경은 ESL과 EFL환경이 있다. ESL(English as a second language)환경은 영어에 24시간 노출되어 영어를 자연스럽게 터득할 수 있는 조건이 갖춰진 상태의 환경을 말하고, EFL(English as a foreign language) 환경은 영어에 제한된 시간만(주로 영어수업시간) 노출되어 영어를 인위적으로 익혀야만 하는 환경을 말한다. 우리나라와 같은 상황이 EFL환경이다. 본 시리즈는 영어를 외국어로서 배우는 이러한 EFL환경을 염두에 두고 개발된 것이다.

이 책의 구성

Magic 그림 회화 카드

그림 카드로 생활영어를 익힐 수 있게 구성해 놓았습니다. 부모님과 함께 카드를 엮어 만들면 어디서나 재미있게 회화 공부를 할 수 있습니다.

학습 가이드 스티커

선생님이나 부모님이 자녀나 학생의 학습을 끝까지 지켜봐 줄 수 있도록 학습 가이드 스티커를 만들었습니다.

스스로 하는 공부

아직 영어 단어와 발음에 미숙한 초등학생을 위하여 영어 문장에 한글 독음을 달았고, 문장에 쓰인 단어의 뜻을 모두 찾아 놓았습니다.

패턴 영어 익히기

많이 쓰는 영어 문장은 일정한 패턴을 가지고 있습니다. 이러한 패턴에 익숙해지면 영어 문장에 쉽게 적응하게 되고 응용력이 생깁니다.

생활영어 익히기

일상생활에서 반복적으로 자주 쓰는 회화 문장들이 있습니다. 이러한 생활영어에 익숙해지면 실제 상황에서 바로 활용할 수 있습니다.

연습문제

패턴 영어, 생활 영어에서 다양한 표현을 배웠습니다. 배운 것을 확실하게 익혔는지 테스트해 보고 모르는 것은 다시 한번 확인합니다.

영어 발음을 한글로 정확하게 표기하기는 어렵습니다.
이 책에서는 가장 유사한 독음에 맞춰 한글로 표기하였으므로 발음 시에 참고 자료로만 활용하세요.

1. [r] 발음표기- [ㄹ]로 표기했어요.

'r'은 혀를 굴려서 내는 소리예요. 한국어에는 없는 소리이기 때문에 한국인이 발음하기에 무척 까다롭답니다. 이 책에서는 [r] 발음을 해야 하는 곳에 [ㄹ]을 한글 독음으로 달아 놓았어요. [ㄹ] 표기가 있는 부분은 혀를 굴려 소리 내어 보세요.

예 star [스타-ㄹ] 별 ⋯ 'ㄹ' 표기 부분에서 혀를 굴려 발음해요.

2. [f] 발음표기- [p]음과 달라요.

'f'는 윗니로 아랫입술을 살짝 누르며 내는 소리예요. 따라서 [프]라고 발음되는 [p]와는 전혀 다른 소리랍니다. 이것을 한글로 표기하기는 어려워요. 그래서 [f] 발음을 [p]음과 구별하기 위해서 한글 표기를 다르게 했으니까 혼동하지 말아요.

예 father [퐈-더ㄹ] 아버지 ⋯ [파더]라고 읽지 않아요.

3. [v] 발음표기- [b]음과 달라요.

'v'는 윗니로 아랫입술을 살짝 누르며 내는 소리예요. 따라서 [브]라고 발음되는 [b]와는 전혀 다른 소리랍니다. 이것을 한글로 표기하기는 어려워요. 그래서 [v] 발음을 [b]음과 구별하기 위해서 한글 표기를 다르게 했으니까 혼동하지 말아요.

예 vase [붸이스] 꽃병 ⋯ [베이스]라고 읽지 않아요.

4. [-] 장음 표기

영어에는 길게 발음해야 하는 모음들이 있어요. 이것을 장모음이라고 하는데 한글로는 표현이 되지 않기 때문에 기호 '-'을 한글 독음에 달아 장모음으로 발음해야 하는 부분을 표기했어요. 장모음과 단모음이 있으므로 기호를 보며 확인해서 읽어요.

예 student [스튜-든트] 학생 ⋯ [튜] 부분을 길게 읽어요.

알 파 벳

ALPHABET

Aa
[ei]
에이

Bb
[biː]
비-

Cc
[siː]
씨-

Dd
[diː]
디-

Ee
[iː]
이-

Ff
[ef]
에프

Gg
[dʒiː]
쥐 -

Hh
[eitʃ]
에이취

Ii
[ai]
아이

Jj
[dʒei]
줴이

Kk
[kei]
케이

Ll
[el]
엘

M m [em] 엠	**N n** [en] 엔	**O o** [ou] 오우
P p [piː] 피-	**Q q** [kiuː] 큐-	**R r** [aːr] 아-ㄹ
S s [es] 에스	**T t** [tiː] 티-	**U u** [juː] 유-
V v [viː] 비 -	**W w** [dʌ́bljuː] 더블유-	**X x** [eks] 엑스
Y y [wai] 와이	**Z z** [ziː] 지 -	

발 음 기 호

모음 기호

a 아	æ 애	ə 어	ʌ 어	e 에
ɔ 어/오	u 우	i 이	aː 아-	aːr 아-르
əːr 어-르	ɔː 오-	ɔːr 오-르	uː 우-	iː 이-
ai 아이	au 아우	ɛər 에어르	ei 에이	ou 오우
ɔi 오이	uər 우어르	iər 이어르		

▨ 자음 기호

k 크	g 그	p 프	b 브	t 트
d 드	h 흐	f 프	v 브	s 스
z 즈	l 르	r 르	θ 쓰	ð 드
ʃ 쉬	ʒ 쥐	tʃ 취	dʒ 쥐	m 므
n 느	ŋ 응			

Contents – 패턴영어

영어의 패턴을 알면
영어문장이 바로바로 만들어져요!

Contents – 하하호호 생활영어

일상에서 제일 많이 쓰는
생활영어가 여기 다 있어요!

우리는 이런 상태예요!

You're smart.
너 똑똑하구나.

　내 기분이 어떤지, 내 상태가 어떤지 말하고 싶을 때에는 어떻게 할까요? 우리말로 '나는~이에요', '나는~해요'라고 하고, 영어로는 I'm~을 쓰면 된답니다. 엄마에게 "배고파요."라고 말해야 밥을 주시겠죠? 이때는 "I'm hungry.(아임 헝그뤼)"라고 말해 봐요. 또 친구를 칭찬해 주고 싶을 때는 You're ~를 써서 "너 똑똑하구나."는 "You're smart.(유어ㄹ 스마ㄹ트)"라 하고, "넌 친절하구나."는 "You're kind.(유어ㄹ 카인드)"라고 한답니다. 우리도 보통 말할 때 '난, 넌, 걘'이라고 줄여서 자주 쓰죠? '나는, 너는, 그 애는'이라고는 잘 안 하는 것과 마찬가지로 영어도 I am ~보다는 I'm ~으로, You are ~보다는 You're ~라고 줄여서 쓴답니다. 자, 이제 기분이나 상태에 대해서 말할 준비가 되었나요? 이럴 때는 "나 준비 됐어."라는 뜻의 "I'm ready.(아임 뤠디)"라고 말하면 돼요. 아주 많이 쓰는 표현이니까 알아두면 다양하게 말할 수 있어 영어 실력이 쑥쑥 자랄 거예요. 꼭 기억해 두세요!

- I'm ~　나는 ~이다 / 나는 ~하다
- You're ~　너는 ~이다 / 너는 ~하다
- kind [kaind] 친절한
- hungry [hʌ́ŋgri] 배고픈
- smart [smɑːrt] 똑똑한
- ready [rédi] 준비된

I'm ~
나는 ~이야 / 나는 ~해

내 기분이 어떤지, 내 상태가 어떤지 말하고 싶을 때 영어로는 어떻게 표현하면 될까요? 여러 가지 상황을 상상해 보면서 영어로 직접 말해 봐요!

I'm hungry.
배고파.

I'm ready.
준비됐어.

You're smart.
너 똑똑하구나.

She's angry.
그 여자애 화났어.

He's kind.
그 남자애는 친절해.

He's lazy.
그 남자애는 게을러.

It's difficult.
그건 어려워.

It's different.
그건 달라.

They're shocked.
그 애들은 충격 받았어.

The movie is exciting.
그 영화 흥미진진해.

››› 스스로 하는 공부

앞 페이지에 나오는 영어 문장을 바르게 읽었는지 확인해 봐요.
새로 나온 단어의 뜻과 읽는 법도 꼭 확인하고 넘어가요!

1

I'm hungry.
아임 헝그뤼

I'm ready.
아임 뤠디

You're smart.
유어ㄹ 스마ㄹ트

2

She's angry.
쉬-즈 앵그뤼

He's kind.
히-즈 카인드

He's lazy.
히-즈 레이지

3

It's difficult.
잇츠 디퓌컬트

It's different.
잇츠 디퓌뤈트

They're shocked.
데이어ㄹ 샥트

The movie is exciting.
더 무-븨 이즈 익싸이팅

반짝반짝 단어장!

- She's 그 여자는 ~이다 (She is의 줄임말)
- angry [ǽŋgri] 화난
- It's 그것은 ~이다 (It is의 줄임말)
- difficult [dífikʌ̀lt] 어려운
- different [dífərənt] 다른
- They're 그들은 ~이다 / 그들은 ~하다 (They are의 줄임말)
- shocked [ʃɑkt] 충격을 받은
- exciting [iksáitiŋ] 흥미로운

하하호호 생활 회화 »» 안녕?

꼭 알아야 할 회화표현과 2개의 대화 장면이 있어요. 하나 하나 살펴보면서 큰소리로 따라 해 봐요. 친구나 부모님과 함께 하면 더욱 재미있게 할 수 있어요. 준비~ 시작!

꼭 알아야 할 인사 표현

* Hello.
  헬로우

* Good morning.
  굿   모-르닝

* Good night.
  굿   나잇

* How are you?
  하우   아르 유-

* I'm fine.
  아임   퐈인

* Goodbye.
  굿바이

안녕하세요.

안녕하세요.(오전 인사)

안녕히 가세요. 잘 자요.(밤에 헤어질 때)

안녕하세요? / 어떻게 지내세요?

나는 잘 지내.

안녕.

반짝반짝 단어장!

- hello [helóu] 안녕하세요 / 여보세요
- morning [mɔ́ːɾniŋ] 아침
- night [nait] 저녁
- where [hwɛər] 어디에
- now [nau] 지금

- good [gud] 좋은
- afternoon [æftərnúːn] 오후
- fine [fain] 좋은
- going [góuiŋ] 가고 있는
- thank [θæŋk] 고맙다 / 감사합니다

Good morning, Lina.
굿   모-ㄹ닝   리나
좋은 아침이야, 리나.

Good morning, Dong-Ho.
굿   모-ㄹ닝   동호
좋은 아침이야, 동호.

Where are you going now?
웨어ㄹ   아ㄹ 유- 고잉   나우
지금 어디 가니?

How are you?
하우   아ㄹ 유-
안녕하세요?

I'm fine, thank you.
아임 퐈인   쌩큐
And you?
앤(드) 유-
저는 좋아요. 고마워요. 당신은요?

Fine, thanks.
퐈인   쌩스
좋아요. 감사합니다.

생활영어 표현 배우기 »» 인사

영어로 인사를 해 볼까요? 누군가를 만났을 때, 혹은 헤어질 때 우리가 적당한 인사말을 나누듯이 영어도 때와 상황에 맞는 인사말이 있답니다. 영어 인사말을 배워서 직접 말해 봐요.

 큰 소리로 말해 봐요!

✴ Hi.	안녕.
✴ Good evening.	안녕하세요.(저녁 인사)
✴ Nice to meet you.	만나서 반가워.
✴ Glad to meet you.	만나서 기뻐.
✴ How are you feeling?	기분이 어때?
✴ Very well.	아주 좋아.
✴ Not bad.	나쁘지 않아.(좋아.)
✴ Not very well.	별로 좋지 않아.
✴ See you later.	다음에 봐.
✴ See you tomorrow.	내일 보자.

>>> **스스로 하는 공부**

앞 페이지에 나오는 영어 문장을 바르게 읽었는지 확인해 봐요.
새로 나온 단어의 뜻과 읽는 법도 꼭 확인하고 넘어가요!

* Hi.
하이

* Good evening.
굿   이-브닝

* Nice to meet you.
나이쓰 투 밋-   유-

* Glad to meet you.
글래드 투 밋-   유-

* How are you feeling?
하우   아르 유-   필링

* Very well.
붸뤼   웰

* Not bad.
낫   배드

* Not very well.
낫   붸뤼   웰

* See you later.
씨-   유-   레이터르

* See you tomorrow.
씨-   유-   투모-뤄우

크는 단어장

- evening [íːvniŋ] 저녁
- nice [nais] 좋은
- well [wel] 좋은 / 건강한
- bad [bæd] 나쁜
- later [léitər] 나중에

- meet [miːt] 만나다
- feel [fiːl] 기분을 느끼다
- not [nɑt] ~아니다
- see [siː] 보다
- tomorrow [təmɔ́ːrou] 내일

23

배운 것을 기억하고 있나요?

 다음 단어로 문장을 만들어 쓰고 말해 봐요.

(1) ready, I'm (준비됐어.)　　　◑ _____

(2) angry, She's (그 여자애 화났어.)　◑ _____

(3) difficult, It's (그건 어려워.)　　◑ _____

🔒 (1) I'm ready.　(2) She's angry.　(3) It's difficult.

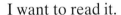 다음을 친구와 함께 말해 봐요. (서로 순서를 바꿔 말해 봐요.)

Did you read this book?
디드 유- 류-드 디스 북
이 책 읽었니?

Yes. It's interesting.
예스　잇츠 인터뤼스팅
응. 재미있어.

I want to read it.
아이 원-(트) 투 류-드 잇
나도 그거 읽고 싶어.

 단어를 익혀요!

- **did** [did] 과거의 사실을 물을 때 쓰는 조동사 (do의 과거형)
- **read** [riːd] 읽다
- **book** [buk] 책
- **want** [wɔːnt] 원하다
- **this** [ðis] 이것 / 이
- **interesting** [íntərəstiŋ] 재미있는

🐶 괄호 안에 알맞은 영어 단어를 써 넣어요.

(1) Good □□□□□□□.

안녕하세요.(아침 인사)

(2) □□□ are you?

안녕하세요? / 어떻게 지내세요?

(3) How are you □□□□□□□ ?

기분이 어때?

(4) Very □□□□.

아주 좋아.

🔒 (1) morning (2) How (3) feeling (4) well

🐤 영어 단어는 한국말로, 한국말은 영어 단어로 써 보고, 읽어 봐요.

(1) morning _____

(2) afternoon _____

(3) night _____

(4) good _____

(5) happy _____

(6) 기분을 느끼다 _____

(7) 나쁜 _____

(8) 좋은 /건강한 _____

(9) 보다 _____

(10) 만나다 _____

🔒 (1) 아침 (2) 오후 (3) 저녁 (4) 좋은 (5) 행복한 / 즐거운
(6) feel (7) bad (8) well (9) see (10) meet

You look well.
건강해 보여.

방학을 마치고 친구들을 만났어요. 한 친구 모습이 굉장히 건강해 보이네요. 이럴 때 영어로는 "You look well.(유- 룩 웰)"이라고 해요. 여자친구가 새 옷을 입고 왔는데 아주 잘 어울리고 예뻐 보인다고요? "예뻐 보여."는 "You look pretty.(유- 룩 프뤼티)"라고 하면 돼요. 이렇게 누군가가 어떻게 보인다는 말을 할 때 You look을 쓰면 돼요. 누군가를 칭찬하거나 걱정하는 마음을 표현할 때 아주 좋겠죠? 이번엔 같은 반에 있는 한 남자애가 아주 멋져 보인다고 해 볼까요? 이때는 "He looks cool.(히- 룩스 쿨-)"이라고 하면 돼요. 이렇게 다른 친구가 어떻게 보이는지 말할 때는 look에 s가 붙어서 looks가 된답니다.

이번에는 어떤 것이 어떻게 보인다는 말을 해 볼 차례예요. 아주 맛있어 보이는 음식을 봤을 때, "It looks delicious.(잇 룩스 딜리셔스)"라고 하면 돼요. 굉장히 쉬워 보이는 시험 문제를 봤을 때에는 "It looks easy.(잇 룩스 이-지)"라고 하면 되지요. 여기서도 looks가 된다는 것 잘 알아두세요. 🙂

- You look ~ 너 ~해 보여
- well[wel] 건강한 / 좋은
- easy[íːzi] 쉬운
- pretty[príti] 예쁜
- cool[kuːl] 멋진

You look ~ / It looks ~
너 ~해 보여 / 무엇이 ~해 보여

친구나 어떤 물건의 상태나 모습을 설명하고 싶을 때
영어로는 어떻게 표현하면 될까요? 여러 가지 상황을
상상해 보면서 영어로 직접 말해 봐요!

 You look pretty.
예뻐 보여.

You look well.
건강해 보여.

She looks worried.
그녀는 걱정 있어 보여.

He looks old.
그는 나이 들어 보여.

 They look young.
그 사람들 어려 보여.

They look angry.
그 애들 화나 보여.

 It looks expensive.
비싸 보여.

It looks cheap.
값이 싸 보여.

It looks interesting.
재미있어 보여.

It looks boring.
지루해 보여.

You look pretty.
유- 룩   프뤼티

You look well.
유- 룩   웰

She looks worried.
쉬- 룩스   워-뤼드

He looks old.
하- 룩스   오울드

They look young.
데이 룩   영

They look angry.
데이 룩   앵그뤼

It looks expensive.
잇 룩스   익스펜시브

It looks cheap.
잇 룩스   칩-

It looks interesting.
잇 룩스   인터뤠스팅

It looks boring.
잇 룩스   보-링

반짝반짝 단어장!

- **look** [luk] 보다 / 보이다
- **worried** [wə́:rid] 걱정스러운
- **young** [jʌŋ] 젊은 / 어린
- **expensive** [ikspénsiv] 비싼
- **interesting** [íntərəstiŋ] 재미있는
- **well** [wel] 건강한 / 좋은
- **old** [ould] 나이 든
- **angry** [ǽŋgri] 화난
- **cheap** [tʃi:p] 싼
- **boring** [bɔ́:riŋ] 지루한

하하호호 생활회화 »» 고마워! · 미안해!

꼭 알아야 할 회화표현과 2개의 대화 장면이 있어요. 하나하나 살펴보면서 큰소리로 따라 해 봐요. 친구나 부모님과 함께 하면 더욱 재미있게 할 수 있어요. 준비~ 시작!

 꼭 알아야 할 감사와 사과 표현

✻ **Thank you very much.**
쌩큐—   붸뤼   머춰

✻ **Thank you for everything.**
쌩큐—   풔르 에브뤼씽

✻ **You're welcome.**
유어르   웰컴

✻ **I'm sorry.**
아임   쏘뤼

✻ **Excuse me.**
익스큐—즈   미

✻ **That's all right.**
댓츠   올— 롸잇

꿩장히 고마워.

여러 가지로 고마워.

천만에요.

미안해요.

실례합니다.

괜찮아요.

 반짝반짝 단어장!

- very much [véri mátʃ] 꿩장히 / 대단히
- sorry [sári] 미안한
- all right [ɔ:l ráit] 모두 괜찮은 / 모두 좋은
- give [giv] 주다
- birthday [bə́:rθdèi] 생일

- everything [évriθiŋ] 모든 것
- excuse [ikskjú:z] 용서하다
- I'll [ail] 나는 ~할 거야 (I will의 줄임말)
- forgot [fərgát] 잊었다 (forget의 과거형)
- problem [prábləm] 문제

1

I'll give you this.
알 기브 유- 디스
이것을 너에게 줄게.

Thank you very much.
쌩큐- 붸뤼 머취
굉장히 고마워.

You're welcome.
유어르 웰컴
천만에.

2

I'm sorry, Lina.
아임 쏘뤼 리나
미안해, 리나.

I forgot your birthday.
아이 풔르갓 유어르 버-르쓰데이
너의 생일을 잊었어.

No problem.
노우 프롸블럼
괜찮아.

31

영어로 감사나 사과를 해 볼까요? 누군가가 고마워서 감사를
표하거나 누군가에게 잘못을 해서 사과해야 할 경우가 있어요.
영어로 상황에 맞는 표현을 배워서 직접 말해 봐요.

 큰 소리로 말해 봐요!

* Thanks.	고마워.
* Thank you.	고마워.
* Thanks a lot.	아주 고마워.
* Don't mention it.	별말씀을.
* Not at all.	괜찮아.
* It is nothing.	별 거 아니야.
* It was my pleasure.	도울 수 있어 기뻤어.
* It was my mistake!	그건 내 실수였어!
* Please, forgive me.	용서해 주세요.
* No problem.	괜찮아.

≫ 스스로 하는 공부

≫ 스스로 하는 공부

앞 페이지에 나오는 영어 문장을 바르게 읽었는지 확인해 봐요.
새로 나온 단어의 뜻과 읽는 법도 꼭 확인하고 넘어가요!

✳ Thanks.
   쌩스

✳ Thank you.
   쌩큐-

✳ Thanks a lot.
   쌩스   어 랏

✳ Don't mention it.
   돈(트) 멘션   잇

✳ Not at all.
   낫   앳 올-

✳ It is nothing.
   잇 이즈 낫씽

✳ It was my pleasure.
   잇 워즈 마이 플레줘러

✳ It was my mistake!
   잇 워즈 마이 미스테익

✳ Please, forgive me.
   플리-즈   풔르기브   미

✳ No problem.
   노우 · 프롸블럼

PRESENT~

I'LL GO WITH YOU~

TOILET...

쑥쑥 크는 단어장

- a lot [ə lát] 많이
- nothing [nʌ́θiŋ] 아무것도 아닌 것
- mistake [mistéik] 실수
- forgive [fərgív] 용서하다
- mention [ménʃən] 언급하다
- pleasure [pléʒər] 기쁨
- please [pliːz] 부디 / 제발

배운 것을 기억하고 있나요?

 다음 단어로 문장을 만들어 쓰고 말해 봐요.

(1) pretty, You, look (예뻐 보여.) ➡ _____

(2) worried, looks, She (그녀는 걱정 있어 보여.)

➡ _____

(3) boring, It, looks (지루해 보여.) ➡ _____

(1) You look pretty.　(2) She looks worried.　(3) It looks boring.

다음을 친구와 함께 말해 봐요. (서로 순서를 바꿔 말해 봐요.)

They look happy.
데이　룩　해피
그들은 행복해 보여.

Because they won the game.
비코-즈　데이　원　더　게임
왜냐하면 그들은 게임에 이겼거든.

Really? That's good.
뤼얼리　댓츠　굿
정말? 그거 잘됐네.

 단어를 익혀요!

· they [ðei] 그들 / 그 애들
· won [wʌn] 이겼다 (win의 과거형)
· That's [ðæts] 그것은 ~이다 (That is의 줄임말)
· good [gud] 좋은 / 잘된

· because [bikɔ́:z] 왜냐하면
· really [ríːəli] 정말

괄호 안에 알맞은 영어 단어를 써 넣어요.

(1) Thanks a □□□.
아주 고마워.

(2) I'm □□□□□.
미안해요.

(3) □□□□□ you for everything.
여러 가지로 고마워.

(4) It was my □□□□□□□ !
그건 내 실수였어.

(1) lot (2) sorry (3) Thank (4) mistake

영어 단어는 한국말로, 한국말은 영어 단어로 써 보고, 읽어 봐요.

(1) give _____   (2) birthday _____

(3) forgot _____   (4) problem _____

(5) mention _____   (6) 기쁨 _____

(7) 미안한 _____   (8) 실수 _____

(9) 부디 / 제발 _____   (10) 용서하다 _____

(1) 주다 (2) 생일 (3) 잊었다 (4) 문제 (5) 언급하다
(6) pleasure (7) sorry (8) mistake (9) please (10) forgive / excuse

Are you tired?
너 피곤하니?

　　옆에 앉은 짝꿍이 계속해서 하품을 하고 있네요. 분명히 어제 밤에 컴퓨터 게임을 하느라 늦게까지 잠을 자지 않아서 그런 것 같아요. 늦게 자서 저렇게 하품을 하고 있으니 당연히 피곤하겠죠? 이럴 때 "너 피곤해?"라고 물어보려고 하는데, 영어로 어떻게 말하면 될까요? "너는 피곤해."는 "You are tired.(유- 아ㄹ 타이어ㄹ드)"라고 하면 돼요. 여기서 You와 are의 자리를 바꾸고 끝에 물음표를 붙여서 "Are you tired?"라고 하면 "너 피곤해?"란 질문을 할 수 있게 되는 거예요. 이렇게 피곤하니까 당연히 졸립겠지요? "너 졸려?"는 "Are you sleepy?(아ㄹ 유- 슬리-피)", "너 괜찮아?"는 "Are you alright?(아ㄹ 유- 올롸잇)"가 된답니다. 짝꿍 말고 다른 친구가 어떤지 또는 누구인지 물어보는 것도 똑같이 하면 돼요. "그 남자애 재미있니?"는 "He is funny.(히- 이즈 풔니)"에서 He와 is의 자리를 바꿔서 "Is he funny?"이라고 한답니다. 이렇게 자리를 바꾸고 뒤에 물음표까지 붙이는 것 잊지 마세요!

톡톡 튀는 단어짱
- Are you ~ ? 너는 ~이니?
- tired [taiərd] 피곤한
- funny [fʌ́ni] 재미있는
- sleepy [slíːpi] 졸린
- alright [ɔːlráit] 좋은 / 괜찮은

묻고 싶은 게 많아요!

Are you ~? / Is she[he, it] ~?
너는 ~이니? / 그 여재[그 남자, 그것]는 ~이니?

친구에 대해서 궁금한 게 있을 때 어떻게 영어로 물어 보면 될까요? 여러 가지 상황을 상상해 보면서 영어로 직접 말해 봐요!

 1

Are you sleepy?
졸려?

Are you tired?
너 피곤하니?

 2

Is she cute?
그 여자애 귀여워?

Is she angry?
그 여자 화났니?

Is he tall?
그 남자애 키 크니?

Is he handsome?
그 남자 잘생겼니?

 3

Is it delicious?
그거 맛있어?

Is it your birthday today?
오늘 너의 생일이니?

Are they your friends?
그 애들 너의 친구들이야?

Are they famous?
그들은 유명하니?

》》》 스스로 하는 공부

앞 페이지에 나오는 영어 문장을 바르게 읽었는지 확인해 봐요.
새로 나온 단어의 뜻과 읽는 법도 꼭 확인하고 넘어가요!

1

Are you sleepy?
아르 유- 슬리-피

Are you tired?
아르 유- 타이어르드

2

Is she cute?
이즈 쉬- 큐-트

Is she angry?
이즈 쉬- 앵그뤼

Is he tall?
이즈 하- 톨-

Is he handsome?
이즈 하- 핸썸

3

Is it delicious?
이즈 잇 딜리셔스

Is it your birthday today?
이즈 잇 유어르   버-르쓰데이   투데이

Are they your friends?
아르   데이   유어르   프뤤즈

Are they famous?
아르   데이   페이머스

반짝반짝 단어장!

- tired [taiərd] 피곤한
- is [iz] ~이다 / ~있다 (she, he, it 등과 함께 쓰는 be동사)
- angry [ǽŋgri] 화난
- tall [tɔːl] 키가 큰
- birthday [bə́ːrθdèi] 생일
- friends [frendz] 친구들(friend의 복수형)
- cute [kjuːt] 귀여운
- handsome [hǽnsəm] 잘생긴
- delicious [dilíʃəs] 맛있는
- today [tədéi] 오늘
- famous [féiməs] 유명한

하하호호 생활 회화 》》 이름이 뭐니?

꼭 알아야 할 회화표현과 2개의 대화 장면이 있어요. 하나하나 살펴보면서 큰소리로 따라 해 봐요. 친구나 부모님과 함께 하면 더욱 재미있게 할 수 있어요. 준비~ 시작!

 꼭 알아야 할 소개 표현

✳ **What's your name?**
왓츠   유어르   네임

✳ **My name is Lina.**
마이 네임   이즈 리나

✳ **How old are you?**
하우   오울드 아르 유-

✳ **I'm ten years old.**
아임 텐   이어르즈 오울드

✳ **Are you a student?**
아르 유-   어 스튜-든트

✳ **Yes, I am.**
예스 아이 엠

너의 이름은 뭐니?

나의 이름은 리나야.

너 몇 살이니?

나는 열 살이야.

너는 학생이니?

응, 나는 학생이야.

 반짝반짝 단어장!

- What's ~ ? [*hw*ɑts] ~은[는] 무엇이니? (what is의 줄임말)
- name [neim] 이름
- I'm [aim] ~ 나는 ~이다 (I am의 줄임말)
- student [st*ju*ːdnt] 학생
- What grade~? [*hw*át gréid] ~은[는] 몇 학년이니?
- grade [greid] 학년 / 등급
- How old ~ ? [háu óuld] ~은[는] 몇 살이니?
- ten years old 10살
- nine [nain] 9 / 아홉

1

How old are you?
하우 오울드 아르 유-
몇 살이니?

I'm ten years old.
아임 텐 이어르즈 오울드

And you?
앤(드) 유-
나는 열 살이야. 너는?

I'm nine.
아임 나인
난 아홉 살이야.

2

Are you a student?
아르 유- 어 스튜-든트
학생이니?

Yes, I am.
예스 아이 엠
응, 난 학생이야.

What grade are you in?
왓 그뤠이드 아르 유- 인
몇 학년이니?

생활영어 표현 배우기 ≫ 소개

학교에서 자기 소개를 많이 해 보았을 거예요. 자신의 소개뿐만 아니라 친구나 가족을 다른 사람에게 소개 시키기도 했을 거예요. 영어로 소개하는 표현을 배워서 직접 말해 봐요.

 큰 소리로 말해 봐요!

* What's his name?

그의 이름은 뭐니?

* His name is Dong-ho Lee.

그의 이름은 이동호야.

* What grade are you in?

너 몇 학년이니?

* I'm in the fifth grade.

나는 5학년이야.

* Where were you born?

너는 어디서 태어났니?

* I was born in Seoul.

나는 서울에서 태어났어.

* Where do you live?

너는 어디서 사니?

* I live in Pusan.

나는 부산에서 살아.

* How many are there in your family?

너희 가족은 얼마나 되니?

* There are four.

네 명이야.

⋙ 스스로 하는 공부

앞 페이지에 나오는 영어 문장을 바르게 읽었는지 확인해 봐요.
새로 나온 단어의 뜻과 읽는 법도 꼭 확인하고 넘어가요!

* What's his name?
  왓츠 히즈 네임
* His name is Dong-ho Lee.
  히즈 네임 이즈 동 호 리-
* What grade are you in?
  왓 그뤠이드 아ㄹ 유- 인
* I'm in the fifth grade.
  아임 인 더 퓌프쓰 그뤠이드
* Where were you born?
  웨어ㄹ 워ㄹ 유- 본-
* I was born in Seoul.
  아이 워즈 본- 인 서울
* Where do you live?
  웨어ㄹ 두 유- 리브
* I live in Pusan.
  아이 리브 인 부산
* How many are there in your family?
  하우 메니 아ㄹ 데어ㄹ 인 유어ㄹ 풰밀리
* There are four.
  데어ㄹ 아ㄹ 풔ㄹ

쑥쑥 크는 단어장

- his [hiz] 그의 / 그 남자의 / 그 남자애의
- where [*h*wɛə*r*] 어디에
- live [liv] 살다
- family [fǽməli] 가족
- four [fɔː*r*] 4 / 넷
- the fifth grade 5학년
- be born [bi bɔ́ː*r*n] 태어나다
- How many ~ 얼마나 많은 ~
- there are ~ ~이[가] 있다

배운 것을 기억하고 있나요?

다음 단어로 문장을 만들어 쓰고 말해 봐요.

(1) tired, Are, you (너 피곤하니?) ◐ _____

(2) tall, he, Is (그 남자애 키 크니?) ◐ _____

(3) delicious, Is, it (그거 맛있니?) ◐ _____

🔑 (1) Are you tired? (2) Is he tall? (3) Is it delicious?

다음을 친구와 함께 말해 봐요. (서로 순서를 바꿔 말해 봐요.)

Is it delicious?
이즈 잇 딜리셔스
맛있니?

Yes, it is. Have some.
예스 잇 이즈 해브 썸
응, 그래. 좀 먹어 봐.

No, thanks. I'm already full.
노우 쌩스   아임 올레디 풀
아니야, 고마워. 난 이미 배불러.

단어를 익혀요!

- yes [jes] 응 / 그래 / 맞아
- no [nou] 아니야 / 틀려
- already [ɔːlrédi] 이미
- some [səm] 조금 / 약간 / 어떤
- thanks [θæŋks] 고마워
- full [ful] 꽉찬 / 배부른

연 습 문 제

괄호 안에 알맞은 영어 단어를 써 넣어요.

(1) What's your ☐☐☐☐ ?
   너의 이름은 뭐니?

(2) How ☐☐☐ are you?
   너 몇 살이니?

(3) I'm ☐☐☐ years old.
   나는 열 살이야.

(4) Are you a ☐☐☐☐☐☐☐ ?
   너 학생이니?

🔓 (1) name (2) old (3) ten (4) student

영어 단어는 한국말로, 한국말은 영어 단어로 써 보고, 읽어 봐요.

(1) name _____   (2) grade _____

(3) his _____   (4) student _____

(5) where _____   (6) 살다 _____

(7) 가족 _____   (8) ~은[는] 무엇이니? _____

(9) ~은[는] 몇 살이니? _____

(10) ~은[는] 몇 학년이니? _____

🔓 (1) 이름 (2) 학년 (3) 그의 (4) 학생 (5) 어디에 (6) live (7) family
(8) What's ~ ? (9) How old ~ ? (10) What grade ~ ?

I can play the piano.
난 피아노를 칠 수 있어.

요즘 영어를 열심히 배우니까 하루하루 할 수 있는 말이 늘고 있지 않나요? "I can speak English.(아이 캔 스픽- 잉글리쉬)"는 "난 영어를 할 수 있어."란 뜻이에요. I can이란 말을 써서 내가 할 수 있는 일들을 마음껏 자랑해 봐요. 또 무엇을 할 수 있나요? "난 피아노를 칠 수 있어."는 "I can play the piano.(아이 캔 플레이 더 피애노우)"라고 해요. 그런데 아쉽게도 못 하는 일도 있겠죠? 그럴 때에는 I can에 not을 붙여서 I cannot 또는 짧게 줄여서 I can't를 써야 한답니다. "난 빨리 달리지 못해."는 "I can't run fast.(아이 캔(트) 뤈 풰스트)"가 되는 거지요. 그런데 이 can이란 단어가 무엇을 해도 된다 라는 뜻을 가질 때도 있어요. "너 내 펜 써도 돼."라고 말한다면 "You can use my pen.(유- 캔 유-즈 마이 펜)"이에요. 그러면 무엇을 해서는 안 된다는 것은 You can't ~를 쓰면 되겠죠? 와! can이란 단어로 이렇게 다양한 말을 할 수 있다니 can이 대단해 보이지 않나요?

- I can ~ 나는 ~할 수 있다
- English [íŋgliʃ] 영어
- piano [piǽnou] 피아노
- run [rʌn] 달리다
- use [juːz] 쓰다 / 이용하다
- speak [spiːk] 말하다
- play [plei] 놀다 / 경기하다 / 연주하다
- can't ~ ~할 수 없다 (cannot의 줄임말)
- fast [fæst] 빨리

할 수 있어요!

I can ~ / I can't ~
나는 ~할 수 있어 / 나는 ~할 수 없어

무언가를 할 수 있거나 없을 때 영어로는 어떻게 표현하면 될까요? 여러 가지 상황을 상상해 보면서 영어로 직접 말해 봐요!

I can speak English.
나는 영어를 할 수 있어.

I can wash the dishes.
나는 설거지를 할 수 있어.

I can't play the flute very well.
나는 플루트를 잘 불지 못해.

I can't meet you tomorrow.
나는 내일 널 만날 수 없어.

She can't play the flute very well.

You can use my pencil.
내 연필을 써도 좋아.

She can run fast.
그 여자애는 빨리 달릴 수 있어.

You can't win the game.
넌 게임을 이길 수 없어.

She can't play baseball.
그 여자애는 야구를 못해.

She can run fast.

We can go out now.
우린 지금 당장 나갈 수가 있어.

They can ski very well.
그 애들은 스키를 매우 잘 타.

>>>> **스스로 하는 공부**

앞 페이지에 나오는 영어 문장을 바르게 읽었는지 확인해 봐요.
새로 나온 단어의 뜻과 읽는 법도 꼭 확인하고 넘어가요!

1

I can speak English.
아이 캔 스픽– 잉글리쉬

I can wash the dishes.
아이 캔 워–쉬 더 디쉬즈

I can't play the flute very well.
아이 캔(트) 플레이 더 플룻– 붸뤼 웰

I can't meet you tomorrow.
아이 캔(트) 밋– 유– 투모–뤄우

2

You can use my pencil.
유– 캔 유–즈 마이 펜슬

She can run fast.
쉬– 캔 뤈 풰스트

3

You can't win the game.
유– 캔(트) 윈 더 게임

She can't play baseball.
쉬– 캔(트) 플레이 베이스볼–

We can go out now.
위– 캔 고우 아웃 나우

They can ski very well.
데이 캔 스키 붸뤼 웰

반짝반짝 단어장!

- wash [wɔːʃ] 씻다 / 설거지하다
- flute [fluːt] 플루트
- tomorrow [təmɔ́ːrou] 내일
- win [win] 이기다
- go out [góu áut] 나가다 / 외출하다
- dishes [díʃiz] 그릇들(dish의 복수형)
- very [véri] 매우
- pencil [pénsəl] 연필
- baseball [béisbɔ̀ːl] 야구
- ski [skiː] 스키타다

꼭 알아야 할 회화표현과 2개의 대화 장면이 있어요. 하나하나 살펴보면서 큰소리로 따라 해 봐요. 친구나 부모님과 함께 하면 더욱 재미있게 할 수 있어요. 준비~ 시작!

 ### 꼭 알아야 할 생활 (1) 표현

※ **What's up?**
왓츠   업

※ **Are you hungry?**
아르 유-   헝그뤼

※ **I am very hungry.**
아이 엠   붸뤼   헝그뤼

※ **Here's some bread.**
히어르즈 썸   브뤠드

※ **What's wrong?**
왓츠   뤙

※ **You look sad.**
유- 룩   쌔드

무슨 일이니?

배고프니?

굉장히 배고파.

여기 빵이 좀 있어.

뭐가 잘못됐니?

슬퍼 보여.

 ### 반짝반짝 단어장!

- hungry [hʌ́ŋgri] 배고픈
- some [səm] 조금의 / 약간의
- wrong [rɔːŋ] 나쁜 / 잘못된
- sad [sæd] 슬픈

- here is ~ 여기 ~이[가] 있다
- bread [bred] 빵
- look [luk] 보이다 / 보다

1

Are you hungry?
아르 유 헝그뤼
배고프니?

Yes, I am.
예스 아이 엠
응, 배고파.

Here's some bread.
히어르즈 썸 브뤠드
여기 빵이 좀 있어.

2

What's wrong?
왓츠 륑
뭐가 잘못됐니?

It's nothing.
잇츠 낫씽
별 거 없어.

You look sad.
유 룩 쌔드
너 슬퍼 보여.

51

일상생활 속에서 쉽게 마주칠 수 있는 영어 표현들을 배워 볼 까요? 친구들과 가볍게 묻고 대답할 수 있는 표현들을 다양하 게 배워서 영어로 직접 말해 봐요.

 # 큰 소리로 말해 봐요!

✳ Are you thirsty?	목마르니?
✳ Yes, I am very thirsty.	응, 아주 목말라.
✳ Here's milk.	여기 우유가 있어.
✳ It looks delicious.	그거 맛있어 보이네.
✳ I'll have it.	나 그거 먹을래.
✳ Anything else?	그밖에 다른 것은?
✳ I think that's all.	그게 다인 것 같아.
✳ You look happy.	좋아 보여.
✳ You look well.	건강해 보여.
✳ You look so tired.	굉장히 피곤해 보여.

≫≫ 스스로 하는 공부

앞 페이지에 나오는 영어 문장을 바르게 읽었는지 확인해 봐요.
새로 나온 단어의 뜻과 읽는 법도 꼭 확인하고 넘어가요!

✳ **Are you thirsty?**
아르　유-　　써-르스티

✳ **Yes, I am very thirsty.**
예스　아이 엠　붸뤼　써-르스티

✳ **Here's milk.**
히어르즈　　밀크

✳ **It looks delicious.**
잇 룩스　　딜리셔스

✳ **I'll have it.**
알　해브　잇

✳ **Anything else?**
에니씽　　　엘스

✳ **I think that's all.**
아이 씽크　댓츠　올-

✳ **You look happy.**
유-　룩　해피

✳ **You look well.**
유-　룩　웰

✳ **You look so tired.**
유-　룩　쏘우 타이어르드

쑥쑥 크는 단어장

- thirsty [θə́ːrsti] 목마른
- milk [milk] 우유
- anything [éniθiŋ] 무언가 / 무엇이든
- happy [hǽpi] 행복한
- tired [taiərd] 피곤한

- some [səm] 약간의 / 조금의
- delicious [diliʃəs] 맛있는
- else [els] 그밖의 / 다른
- well [wel] 건강한 / 잘

배운 것을 기억하고 있나요?

 다음 단어로 문장을 만들어 쓰고 말해 봐요.

(1) use, can, You, my, pencil (내 연필을 써도 좋아.)

    ➡ _____

(2) meet, I, can't, you, tomorrow (나는 내일 널 만날 수 없어.)

    ➡ _____

(3) win, You, can't, game, the (넌 게임을 이길 수 없어.)

    ➡ _____

      💣 (1) You can use my pencil.　(2) I can't meet you tomorrow.　(3) You can't win the game.

 다음을 친구와 함께 말해 봐요. (서로 순서를 바꿔 말해 봐요.)

There's an American.
데어르즈　언　어메뤼컨
미국인이 있어.

I can speak English.
아이 캔　스픽 –　잉글리쉬
나는 영어를 할 수 있어.

 That's great. Let's talk to him.
댓츠　그뤠잇 렛츠 톡 투 힘
멋진데. 그에게 말을 걸어보자.

 단어를 익혀요!

- speak [spi:k] 말하다
- great [greit] 훌륭한 / 멋진 / 굉장한
- to [tu:] ~에게
- American [əmérikən] 미국인
- talk [tɔ:k] 말하다
- him [him] 그를

연습문제

괄호 안에 알맞은 영어 단어를 써 넣어요.

(1) What's □□?
무슨 일이니?

(2) □□□□□□ some bread.
여기 빵이 좀 있어.

(3) I'll □□□□ it.
나 그거 먹을래.

(4) You □□□□ sad.
슬퍼 보여.

I'M OK...   YOU LOOK SAD.

(1) up   (2) Here's   (3) have   (4) look

영어 단어는 한국말로, 한국말은 영어 단어로 써 보고, 읽어 봐요.

(1) hungry _____   (2) some _____

(3) bread _____   (4) look _____

(5) delicious _____   (6) 우유 _____

(7) 먹다 / 가지다 _____   (8) 나쁜 / 잘못된 _____

(9) 슬픈 _____   (10) 목마른 _____

(1) 배고픈 (2) 약간의 / 조금의 (3) 빵 (4) 보이다 / 보다 (5) 맛있는
(6) milk (7) have (8) wrong (9) sad (10) thirsty

Can you be quiet?
좀 조용히 해 줄래?

    머리가 지끈지끈 아픈데 옆에서 너무 시끄럽게 하면 화가 나겠지요? 이때 "좀 조용히 해 줄래?"라고 부탁하고 싶을 때 영어로는 어떻게 말하면 될까요? "Can you be quiet?(캔 유– 비 콰이엇)"라고 하면 돼요. 이렇게 상대방에게 뭔가를 부탁할 때 'Can you~'라는 표현을 쓰면 돼요. 상대방에게 허락을 구할 때는 어떻게 하면 될까요? you 대신에 I를 넣으면 된답니다. 예를 들어 볼까요? 여러분이 좋아하는 스파게티 전문점에 갔어요. 메뉴에 있는 다양한 스파게티 종류 중에 한 가지를 골라 주문해야겠지요? "Can I have spaghetti with cream sauce?(캔 아이 해브 스파게티 위드 크림– 쏘–스)"라고 하면 "크림스파게티를 먹어도 돼요?" 즉, "크림스파게티 주세요."란 말이에요. 이렇게 'Can I~'는 내가 무엇을 해도 되는지 상대방에게 물어보는 말이랍니다. 그럼, 수업 중에 갑자기 화장실에 너무 가고 싶어지면 어떻게 해야 될까요? "Can I go to the bathroom?(캔 아이 고우 투 더 배쓰룸–)"이라고 하면 된답니다. 😊

- Can I ~ ? ~해도 돼요? / ~해 줄래요?
- bathroom [bǽθrùːm] 화장실
- Can you ~ ? ~해 줄래요?
- quiet [kwáiət] 조용한

57

영어 표현 배우기 ≫ 해도 되나요?

Can I ~ / Can you ~
내가 ~해도 돼? / ~해 줄래?

무언가를 허락받거나 해달라고 말하고 싶을 때 영어로는 어떻게 표현하면 될까요? 여러 가지 상황을 상상해 보면서 영어로 직접 말해 봐요!

Can I have spaghetti with cream sauce?
크림스파게티 주세요.

Can I sit here?
여기 앉아도 돼요?

Can you be quiet?
좀 조용히 해 줄래?

Can you close the window?
창문 좀 닫아 줄래?

Can she go to the bathroom?
그 여자애가 화장실에 가도 돼요?

Can he play basketball?
그 남자애 농구해도 돼요?

Can he take a nap?
그 애가 낮잠을 자도 돼요?

Can we take a rest?
우리 잠깐 쉬어도 돼요?

Can they watch this movie?
그 애들이 이 영화를 봐도 돼요?

58

>>> **스스로 하는 공부**

앞 페이지에 나오는 영어 문장을 바르게 읽었는지 확인해 봐요.
새로 나온 단어의 뜻과 읽는 법도 꼭 확인하고 넘어가요!

 1

Can I have spaghetti with cream sauce?
캔　아이 해브　스파게티　위드　크림 - 쏘-스

Can I sit here?
캔　아이 씻　히어르

Can you be quiet?
캔　유 - 비 콰이엇

Can you close the window?
캔　유 - 클로우즈　더　윈도우

 2

Can she go to the bathroom?
캔　쉬 - 고우 투 더　배쓰룸 -

Can he play basketball?
캔　히 - 플레이　배스킷볼 -

 3

Can we take a rest?
캔　위 - 테익 어 뤠스트

Can he take a nap?
캔　히 - 테익 어 냅

Can they watch this movie?
캔　데이　와취　디스 무-비

 반짝반짝 **단어장!**

- sit [sit] 앉다
- window [wíndou] 창문
- basketball [bǽskitbɔ̀:l] 농구
- take a rest 쉬다
- this [ðis] 이것
- close [klouz] 닫다
- bathroom [bǽθrùːm] 화장실
- take a nap 낮잠 자다
- watch [watʃ] 보다

59

 **하하호호 생활회화** 》》 **지금 기분이 어때? (2)**

 꼭 알아야 할 회화표현과 2개의 대화 장면이 있어요. 하나하나 살펴보면서 큰소리로 따라 해 봐요. 친구나 부모님과 함께 하면 더욱 재미있게 할 수 있어요. 준비~ 시작!

꼭 알아야 할 생활 (2) 표현

* **How are you feeling now?**
하우 아르 유- 필링 나우

* **I'm so happy.**
아임 쏘우 해피

* **I'm really angry.**
아임 뤼얼리 앵그뤼

* **I'm really worried about it.**
아임 뤼얼리 워-뤼드 어바웃 잇

* **Do you get along well**
두 유- 겟 어롱 웰
with friends?
위드 프뤤즈

* **Of course.**
어브 코-르스

기분이 어때?
너무 행복해.
나 정말 화났어.
정말 걱정돼.
친구들하고 사이가 좋니?
물론이지.

 반짝반짝 단어장!

• feel [fiːl] 기분을 느끼다
• angry [ǽŋgri] 화난
• get along well with ~ ~와 잘 지내다
• great [greit] 굉장한 / 중대한
• just [dʒʌst] 단지 / 그냥

• really [ríːəli] 정말로
• worried [wə́ːrid] 걱정되는
• flying [fláiiŋ] 나는
• today [tədéi] 오늘
• bad mood [bæd muːd] 나쁜 기분

How are you feeling now?
하우 아르 유- 필링 나우
지금 기분이 어때?

I'm flying.
아임 플라잉
날아갈 듯 해.(아주 기분이 좋아.)

That's great.
댓츠 그레잇
그거 굉장한데.

I'm just in a bad mood.

I'm feeling sad today.
아임 필링 쌔드 투데이
오늘은 기분이 우울해.

What's wrong with you?
왓츠 륑 위드 유-
뭐가 잘못됐는데?

I'm just in a bad mood.
아임 저슷 인 어 배드 무-드
그냥 기분이 안 좋아.

일상생활 속에서 쉽게 마주칠 수 있는 영어 표현들을 배워 볼까요? 친구들과 가볍게 묻고 대답할 수 있는 표현들을 다양하게 배워서 영어로 직접 말해 봐요.

큰 소리로 말해 봐요!

* How are you feeling now?   지금 기분이 어때?

* I'm flying.   날아갈 듯 해.

* I can't stop smiling.   웃음을 참을 수가 없어.

* I'm just in a bad mood.   그냥 기분이 안 좋아.

* That makes me feel bad.   그게 내 기분을 상하게 해.

* That really makes me mad.   그것 때문에 정말 미치겠어.

* I'm so steamed.   정말 열불 나.

* I'm feeling sad today.   오늘은 기분이 우울해.

* Don't worry about it.   걱정하지 마.

* Just let it go.   그냥 잊어버려.

≫ <u>스스로</u> 하는 공부

앞 페이지에 나오는 영어 문장을 바르게 읽었는지 확인해 봐요.
새로 나온 단어의 뜻과 읽는 법도 꼭 확인하고 넘어가요!

＊ How are you feeling now?
　　하우　　아르　유 - 필링　　　나우

＊ I'm flying.
　　아임　플라잉

＊ I can't stop smiling.
　　아이 캔(트)　스탑　스마일링

＊ I'm just in a bad mood.
　　아임　저슷 인 어 배드 무-드

＊ That makes me feel bad.
　　댓　메익스　미 필　배드

＊ That really makes me mad.
　　댓　뤼얼리　메익스　미 매드

＊ I'm so steamed.
　　아임　쏘우 스팀-드

＊ I'm feeling sad today.
　　아임　필링　　쌔드 투데이

＊ Don't worry about it.
　　돈(트)　워뤼　어바웃　잇

＊ Just let it go.
　　저슷　렛 잇 고우

쑥쑥 크는 단어장

- stop [stɑp] 멈추다
- make [meik] 만들다
- mad [mæd] 미친
- worried [wə́:rid] 걱정되는
- let [let] ~하게 하다
- smile [smail] 웃다
- feel [fi:l] 기분을 느끼다
- steamed [sti:md] 화난 / 발끈한
- about [əbáut] ~에 대하여

배운 것을 기억하고 있나요?

 다음 단어로 문장을 만들어 쓰고 말해 봐요.

(1) sit, I, here, Can (여기 앉아도 돼요?)

　○ _____

(2) go, she, to, the, bathroom, Can (그 여자애가 화장실에 가도 돼요?)

　○ _____

(3) take, we, a, Can, rest (잠깐 쉬어도 돼요?)

　○ _____

　　　　　🔑 (1) Can I sit here?　(2) Can she go to the bathroom?　(3) Can we take a rest?

다음을 친구와 함께 말해 봐요. (서로 순서를 바꿔 말해 봐요.)

May I take your order?
메이　아이　테익　유어르　오러더르
주문해 주실래요?

Yes, Can I have a cheeseburger?
예스　캔　아이　해브　어　취 – 즈　버-르거르
네, 치즈버거 주세요.

Anything else?
에니씽　　　엘스
다른 거는요?

단어를 익혀요!

・ May I~? 내가 ~해도 될까요?
・ have[hæv] 먹다 / 가지다
・ else[els] 그밖의 / 다른
・ take order 주문을 받다
・ anything[éniθiŋ] 무언가

연습문제

괄호 안에 알맞은 영어 단어를 써 넣어요.

(1) □□□ are you feeling now?
지금 기분이 어때?

(2) What's wrong □□□□ you?
뭐가 잘못됐는데?

(3) I'm □□□□□□□.
날아갈 듯해.

(4) Just □□□ it go.
그냥 잊어버려.

I'm just in a bad mood.

(1) How (2) with (3) flying (4) let

영어 단어는 한국말로, 한국말은 영어 단어로 써 보고, 읽어 봐요.

(1) sad _____   (2) feel _____

(3) fly _____   (4) today _____

(5) bad mood _____   (6) ~하게 하다 _____

(7) 멈추다 _____   (8) 웃다 _____

(9) 정말로 _____   (10) 화난 _____

(1) 슬픈 (2) 기분을 느끼다 (3) 날다 (4) 오늘 (5) 나쁜 기분
(6) let (7) stop (8) smile (9) really (10) angry

I like baseball.
나는 야구를 좋아해.

　　"나는 야구를 좋아해.", " 나는 스파게티를 좋아해." 등은 영어로 뭐라고 할까요? 아주 간단하답니다. 'I like~' 뒤에 좋아하는 것을 붙이면 돼요. 따라서 "I like baseball.(아이 라익 베이스볼−)"이나 "I like spaghetti.(아이 라익 스퍼게티)"라고 말하면 돼요. '나는 ~하는 걸 좋아해'라고 말할 수도 있겠죠? 이럴 경우에는 'I like to~' 뒤에 좋아하는 행동을 붙이면 돼요. 춤추는 걸 좋아한다고요? 그럼 "I like to dance.(아이 라익 투 댄스)"라고 말해 봐요. 그리고 한 가지 잊지 말아야 할 것이 있어요. 어떤 남자애나 여자애가 좋아하는 걸 말할 때는 like 뒤에 꼭 -s를 붙여야 돼요. 예를 들어 "그 여자애는 고양이를 좋아해."는 "She likes cats.(쉬− 라익스 캣츠)"라고 하고, "그 남자 애는 책 읽는 것을 좋아해."는 "He likes to read books.(하− 라익스 투 뤼−드 북스)"라고 해야 맞는 표현이에요. 영어는 이렇게 주어에 따라서 동사의 모양이 바뀌어요. 자, 이제 영어로 내가 좋아하는 음식, 좋아하는 사람, 좋아하는 일 등을 친구들에게 말해 볼까요?

- I like ~ 나는 ~을 좋아해
- dance [dæns] 춤추다
- read [riːd] 읽다
- baseball [béisbɔ̀ːl] 야구
- cats [kæts] 고양이(cat의 복수형)

I like ~ / I like to + 동사
나는 ~을 좋아해 / 나는 ~하기를 좋아해

무엇을 좋아하는지, 또는 무엇을 하고 싶은지 말하고 싶을 때 영어로는 어떻게 표현하면 될까요? 여러 가지 상황을 상상해 보면서 영어로 직접 말해 봐요!

I like Eric.
나는 에릭을 좋아해.

I like to study English.
나는 영어공부하는 걸 좋아해.

She likes cats.
그 여자애는 고양이를 좋아해.

He likes to dance.
그 남자애는 춤추는 걸 좋아해.

MEOW~ MEOW~

I like cats.

They like vegetables.
그 애들은 야채를 좋아해.

They like to go swimming.
그 애들은 수영하러 가는 걸 좋아해.

We like baseball.
우리는 야구를 좋아해.

We like to watch TV.
우리는 텔레비전 보는 걸 좋아해.

Alice likes winter.
앨리스는 겨울을 좋아해.

The doctor likes to read books.
그 의사는 책 읽는 것을 좋아해.

I like to read books.

>>> **스스로 하는 공부**

앞 페이지에 나오는 영어 문장을 바르게 읽었는지 확인해 봐요.
새로 나온 단어의 뜻과 읽는 법도 꼭 확인하고 넘어가요!

 I like Eric.
아이 라익 에릭

I like to study English.
아이 라익 투 스터디 잉글리쉬

She likes cats.
쉬- 라익스 캣츠

He likes to dance.
하- 라익스 투 댄스

We like to watch TV.

 They like vegetables.
데이 라익 붸쥐터블즈

They like to go swimming.
데이 라익 투 고우 스위밍

 We like baseball.
위- 라익 베이스볼-

We like to watch TV.
위- 라익 투 와취 티-븨-

Alice likes winter.
엘리스 라익스 윈터르

The doctor likes to read books.
더 닥터르 라익스 투 류-드 북스

 반짝반짝 **단어장!**

- I like ~ 나는 ~을 좋아하다
- study[stʌ́di] 공부하다
- vegetables[védʒətəbls] 야채(vegetable의 복수형)
- swimming[swímiŋ] 수영
- winter[wíntər] 겨울
- Eric 에릭(사람 이름)
- dance[dæns] 춤추다
- watch[wɑtʃ] 보다
- doctor[dɑ́ktər] 의사

69

하하호호 생활회화 >>> 뭐가 문제니? (3)

꼭 알아야 할 회화표현과 2개의 대화 장면이 있어요. 하나하나 살펴보면서 큰소리로 따라 해 봐요. 친구나 부모님과 함께 하면 더욱 재미있게 할 수 있어요. 준비~ 시작!

꼭 알아야 할 생활 (3) 표현

✱ **What's the problem?**
왓츠   더   프뢰블럼

뭐가 문제야?

✱ **Are you sick?**
아르 유– 씩

아프니?

✱ **I have a fever.**
아이 해브   어 퓌붜르

열이 있어.

✱ **Did you lose something?**
디드 유– 루–즈 썸씽

너 뭐 잃어버렸니?

✱ **I lost my schoolbag.**
아이 로스트 마이 스쿨–백

책가방을 잃어버렸어.

✱ **That's too bad.**
댓츠   투– 배드

그것 참 안됐다.

반짝반짝 단어장!

- problem [prábləm] 문제
- fever [fí:vər] 열
- lost [lo:st] 잃었다
- stomachache [stáməkèik] 복통(배가 아픈 것)
- should [ʃəd] ~해야 한다
- sick [sik] 아픈
- lose [lu:z] 잃다
- schoolbag [skú:lbæg] 책가방
- doctor [dáktər] 의사

70

Are you sick?
아르 유- 씩
아프니?

I have a stomachache.
아이 해브   어 스터먹에익
배가 아파.

You should go to a doctor.
유-   슈드   고우 투 어 닥터r
병원에 가야겠다.

What's wrong with you?
왓츠   륑   위드 유-
무슨 문제 있니?

I lost my schoolbag.
아이 로스트 마이   스쿨-백
책가방을 잃어버렸어.

When did you lose it?
웬   디드 유-   루-즈 잇
언제 그걸 잃어버렸니?

71

 일상생활 속에서 쉽게 마주칠 수 있는 영어 표현들을 배워 볼까요? 친구들과 가볍게 묻고 대답할 수 있는 표현들을 다양하게 배워서 영어로 직접 말해 봐요.

큰 소리로 말해 봐요!

✳ What's the problem?	뭐가 문제야?
✳ I have a cold.	감기 걸렸어.
✳ I had a fight with my friend.	친구랑 싸웠어.
✳ I lost my way.	길을 잃었어.
✳ I hurt my finger.	손가락을 다쳤어.
✳ How often do you go to the department store?	얼마나 자주 백화점에 가니?
✳ Once a week.	일주일에 한 번.
✳ What do you want to buy?	무엇을 사고 싶니?
✳ I want to buy a digital camera.	디지털 카메라를 사고 싶어.
✳ I would like to buy a cell phone.	핸드폰을 사고 싶어.

≫ 스스로 하는 공부

앞 페이지에 나오는 영어 문장을 바르게 읽었는지 확인해 봐요.
새로 나온 단어의 뜻과 읽는 법도 꼭 확인하고 넘어가요!

✳ **What's the problem?**
왓츠　　더　프라블럼

✳ **I have a cold.**
아이 해브　어 코울드

✳ **I had a fight with my friend.**
아이 해드　어 퐈잇　위드　마이 프렌드

✳ **I lost my way.**
아이 로스트 마이 웨이

✳ **I hurt my finger.**
아이 허르트 마이 핑거르

✳ **How often do you go to the department store?**
하우　오-픈　두 유-　고우 투 더　디파르트먼트　스토어르

✳ **Once a week.**
원쓰　어 윅-

✳ **What do you want to buy?**
왓　두 유-　원-(트) 투 바이

✳ **I want to buy a digital camera.**
아이 원(트)　투 바이 어 디지털　캐머뤄

✳ **I would like to buy a cell phone.**
아이 우드　라익 투 바이 어 쎌 퓐

73

배운 것을 기억하고 있나요?

다음 단어로 문장을 만들어 쓰고 말해 봐요.

(1) cats, She, likes (그 여자애는 고양이를 좋아해.)

◐ _____

(2) go, to, They, swimming, like (그 애들은 수영하러 가는 걸 좋아해.)

◐ _____

(3) watch, like, We, to, TV (우리는 텔레비전 보는 걸 좋아해.)

◐ _____

🔑 (1) She likes cats.   (2) They like to go swimming.   (3) We like to watch TV.

다음을 친구와 함께 말해 봐요. (서로 순서를 바꿔 말해 봐요.)

Do you like cats?
두 유− 라익 캣츠
고양이를 좋아하니?

No. I like dogs.
노우 아이 라익 독스
아니. 나는 개를 좋아해.

Really? Why?
뤼얼리   와이
정말? 왜?

단어를 익혀요!

· Do you like~? 너는 ~을 좋아하니?   · dogs 개(dog의 복수형)
· No. 아니.(상대방의 말을 부정할 때 하는 간단한 표현. 여기에서 전체 문장은
       "No, I don't like cats.")
· Really? 정말?(상대방이 한 말을 확인할 때 쓰는 말)
· Why? 왜?(상대방에게 궁금한 것을 물어볼 때 쓰는 표현)

연습문제

🐕 괄호 안에 알맞은 영어 단어를 써 넣어요.

(1) What's the ☐☐☐☐☐☐☐?
뭐가 문제야?

(2) ☐☐☐ you sick?
아프니?

(3) You ☐☐☐☐☐☐ go to a doctor.
병원에 가야겠다.

(4) I ☐☐☐☐ my schoolbag.
책가방을 잃어버렸어.

💣 (1) problem (2) Are (3) should (4) lost

🐤 영어 단어는 한국말로, 한국말은 영어 단어로 써 보고, 읽어 봐요.

(1) problem _____   (2) cold _____

(3) stomachache _____   (4) doctor _____

(5) lose _____   (6) 가방 _____

(7) 사다 _____   (8) 백화점 _____

(9) 바라다 / 원하다 _____   (10) 손가락 _____

💣 (1) 문제 (2) 감기 (3) 복통 (4) 의사 (5) 잃다 (6) schoolbag
(7) buy (8) department store (9) want (10) finger

My favorite color is purple.
내가 좋아하는 색은 보라색이야.

'제일 좋아하는'이란 말은 영어로 뭘까요? 한 단어로 'favorite'라고 하면 돼요. 그러면 'favorite'를 이용해서 내가 제일 좋아하는 것에 대해서 이야기해 볼까요? 친구들과 쇼핑을 가서 티셔츠를 살 때 "내가 제일 좋아하는 색은 보라색이야."를 말하고 싶어요. 어떻게 하면 될까요? '내가 제일 좋아하는 색'은 'my favorite color'이고, '보라색이야'는 'is purple'라고 하면 돼요. 이 두 표현을 합쳐서 "My favorite color is purple.(마이 이뷔륏 컬러ㄹ 이즈 퍼ㄹ플)"라고 하면 된답니다. '내가 좋아하는 운동'은 'My favorite sport'라고 하면 되고, '야구이다'는 'is baseball'이에요. 이것을 합쳐서 "My favorite sport is baseball.(마이 이뷔륏 스포ㄹ트 이즈 베이스볼–)"이라고 하면 되겠죠? 또 "내가 좋아하는 음식은 피자야."는 "My favorite food is pizza.(마이 이뷔륏 푸–드 이즈 피쩌)"가 되는 거예요. 맨 앞에 'my' 대신 her, his, our, their 등으로 바꾸어 가면서 다른 사람이 좋아하는 것에 대해서도 말할 수 있어요.

- favorite [féivərit] 제일 좋아하는
- sports [spɔːrts] 운동
- pizza [píːtsə] 피자
- purple [pə́ːrpl] 보라색

- food [fuːd] 음식
- baseball [béisbɔ̀ːl] 야구
- color [kʌ́lər] 색깔

favorite + 명사 + is / are ~
제일 좋아하는 것은 ~이야

제일 좋아하는 사람이나 사물을 말하고 싶을 때 영어
로는 어떻게 표현하면 될까요? 여러 가지 상황을 상
상해 보면서 영어로 직접 말해 봐요!

 My favorite color is purple.
내가 좋아하는 색은 보라색이야.

My favorite season is spring.
내가 좋아하는 계절은 봄이야.

 His favorite fruit is melon.
그 남자애가 좋아하는 과일은 멜론이야.

Her favorite subject is science.
그 여자애가 좋아하는 과목은 과학이야.

Our favorite birds are penguins.
우리가 좋아하는 새는 펭귄이야.

 Their favorite pets are cats.
그 애들이 좋아하는 애완동물은 고양이야.

Their favorite month is September.
그 애들이 좋아하는 달은 9월이야.

Andy's favorite singer is Hyori.
앤디가 좋아하는 가수는 효리야.

Their favorite pets are cats.

78

>>> **스스로 하는 공부**

앞 페이지에 나오는 영어 문장을 바르게 읽었는지 확인해 봐요.
새로 나온 단어의 뜻과 읽는 법도 꼭 확인하고 넘어가요!

 1

My favorite color is purple.
마이 페이붜릿 컬러르 이즈 퍼르플

My favorite season is spring.
마이 페이붜릿 씨-즌 이즈 스프링

 2

His favorite fruit is melon.
히즈 페이붜릿 프룻 이즈 멜런

Her favorite subject is science.
허르 페이붜릿 써브쥑 이즈 싸이언스

Our favorite birds are penguins.
아우어르 페이붜릿 버르즈 아르 펭귄스

 3

Their favorite pets are cats.
데어르 페이붜릿 펫츠 아르 캣츠

Their favorite month is September.
데어르 페이붜릿 먼쓰 이즈 쎕템버르

Andy's favorite singer is Hyori.
앤디스   페이붜릿 씽어르 이즈 효리

 반짝반짝 **단어장!**

- **season** [síːzn] 계절
- **subject** [sʌ́bdʒikt] 과목
- **birds** [bəːrdz] 새 (bird의 복수형)
- **month** [mʌnθ] 달
- **fruit** [fruːt] 과일
- **science** [sáiəns] 과학
- **pets** [pets] 애완동물 (pet의 복수형)
- **September** [septémbər] 9월

하하호호 생활 회화 ≫ 학교 가니? (1)

꼭 알아야 할 회화표현과 2개의 대화 장면이 있어요. 하나하나 살펴보면서 큰소리로 따라 해 봐요. 친구나 부모님과 함께 하면 더욱 재미있게 할 수 있어요. 준비~ 시작!

꼭 알아야 할 학교 (1) 표현

✳ **How do you go to school?**
　하우　두 유－　고우 투 스쿨－

✳ **I go to school by bike.**
　아이 고우 투 　스쿨－ 　바이 바이크

✳ **I have a test today.**
　아이 해브　어 테스트 투데이

✳ **Good luck.**
　굿 　럭

✳ **I solve the problem.**
　아이 솔브 　더 　프롸블럼

✳ **Good job!**
　굿 　잡

학교에 어떻게 가니?

자전거 타고 학교에 가.

오늘 시험 봐.

행운을 빈다.

문제를 풀게.

잘했어.

반짝반짝 단어장!

- **how**[hau] 어떻게 / 얼마나
- **by bike**[bai baik] 자전거를 타고
- **luck**[lʌk] 행운
- **problem**[prábləm] 문제
- **by school bus**[bai skú:l bʌs] 학교 버스를 타고
- **worry**[wə́:ri] 걱정하다
- **go**[gou] 가다
- **test**[test] 시험
- **solve**[sɔlv] 풀다
- **job**[dʒɑb] 일 / 임무

80

How do you go to school?
하우 두 유 고우 투 스쿨-
학교에 어떻게 가니?

I go to school by bike.
아이 고우 투 스쿨- 바이 바이크

And you?
앤(드) 유-
자전거 타고 학교에 가. 너는?

I go to school by school bus.
아이 고우 투 스쿨- 바이 스쿨- 버스
학교 버스 타고 가.

You look very worried.
유- 룩 붸뤼 워-뤼드
굉장히 걱정스러워 보여.

I have a test today.
아이 해브 어 테스트 투데이
오늘 시험 봐.

Don't worry. Good luck!
돈(트) 워-뤼 굿 럭
걱정하지 마. 행운을 빈다!

여러분은 학교에서 어떤 생활을 하고 있나요? 학교는 어떻게 가는지, 학교생활이나 수업시간은 어떤지에 대해 친구에게 말하는 표현들을 배워서 영어로 직접 말해 봐요.

큰 소리로 말해 봐요!

* I go to school on foot.

  난 걸어서 학교에 가.

* There's no class tomorrow.

  내일은 수업이 없어.

* May I ask you a question?

  질문해도 될까요?

* Of course. What is it?

  물론이지. 뭔데?

* Can you count to 100 in English?

  영어로 100까지 셀 수 있니?

* Can you solve the problem?

  문제 좀 풀어 보겠니?

* If you know, raise your hand.

  만일 알면 손을 들어.

* Your answer is wrong.

  네 답은 틀려.

* Try again.

  다시 해 봐.

* I don't understand.

  이해 못하겠어.

》》》 스스로 하는 공부

앞 페이지에 나오는 영어 문장을 바르게 읽었는지 확인해 봐요.
새로 나온 단어의 뜻과 읽는 법도 꼭 확인하고 넘어가요!

✳ I go to school on foot.
아이 고우 투 스쿨- 온 풋

✳ There's no class tomorrow.
데어르즈 노우 클래스 투모-뤄우

✳ May I ask you a question?
메이 아이 애스크 유- 어 퀘스쳔

✳ Of course. What is it?
어브 코-르스 왓 이즈 잇

✳ Can you count to 100 in English?
캔 유- 카운(트) 투 원헌드뤠드 인 잉글리쉬

✳ Can you solve the problem?
캔 유- 솔브 더 프라블럼

✳ If you know, raise your hand.
이프 유- 노우 뤠이즈 유어르 핸드

✳ Your answer is wrong.
유어르 앤써르 이즈 륑

✳ Try again.
트라이 어겐

✳ I don't understand.
아이 돈(트) 언더르스탠드

크는 단어장

- on foot [ɑn fút] 걸어서
- class [klæs] 수업
- raise [reiz] 올리다
- wrong [rɔːŋ] 틀린 / 잘못된
- again [əgén] 다시
- no [nou] ~이 없는
- count [kaunt] 세다
- answer [ǽnsər] 대답 / 대답하다
- try [trai] 시도하다 / 노력하다
- understand [ʌ̀ndərstǽnd] 이해하다

배운 것을 기억하고 있나요?

 다음 단어로 문장을 만들어 쓰고 말해 봐요.

(1) season, spring, is, My, favorite (내가 좋아하는 계절은 봄이야.)

○ _____

(2) month, September, Their, favorite, is (그 애들이 좋아하는 달은 9월이야.)

○ _____

(3) science, subject, favorite, Her, is (그 여자애가 좋아하는 과목은 과학이야.)

○ _____

(1) My favorite season is spring.   (2) Their favorite month is September.

(3) Her favorite subject is science.

다음을 친구와 함께 말해 봐요. (서로 순서를 바꿔 말해 봐요.)

What is your favorite game?
왓   이즈 유어르 풰이붜륏 게임
제일 좋아하는 게임이 뭐니?

My favorite game is Starcraft.
마이 풰이붜륏   게임   이즈 스타르크뤠프트
내가 제일 좋아하는 게임은
스타크래프트야.

Me, too. Let's play the game.
미- 투- 렛츠   플레이 더   게임
나도 그래. 우리 그 게임하자.

단어를 익혀요!

- **What** [*h*wat] 무엇
- **game** [geim] 게임
- **Let's** [lets] ~하자
- **your** [juər] 너의
- **too** [tu:] 또 / 역시
- **play** [plei] 놀다 / 게임, 운동 등을 하다

 괄호 안에 알맞은 영어 단어를 써 넣어요.

(1) ☐☐☐ do you go to school?
학교에 어떻게 가니?

(2) I have a ☐☐☐☐ today.
오늘 시험 봐.

(3) May I ☐☐☐ you a question?
질문해도 될까요?

(4) I ☐☐☐☐☐ understand.
이해 못하겠어.

(1) How (2) test (3) ask (4) don't

영어 단어는 한국말로, 한국말은 영어 단어로 써 보고, 읽어 봐요.

(1) 자전거 _____   (2) 학교 버스 _____

(3) 세다 _____   (4) 걱정되는 _____

(5) 시험 _____   (6) worry _____

(7) luck _____   (8) ask _____

(9) question _____   (10) solve _____

(1) bike (2) school bus (3) count (4) worried (5) test
(6) 걱정하다 (7) 행운 (8) 질문하다 / 묻다 (9) 질문 (10) 풀다

I feel like having chocolate.
나는 초콜릿을 먹고 싶어.

"나는 초콜릿을 먹고 싶어."는 "I feel like having chocolate.(아이 필 라익 해빙초컬릿)"라고 말해요. "나 물 마시고 싶어."는 "I feel like drinking water.(아이 필 라익 드링킹 워터)"라고 말하면 돼요. 이처럼 'I feel like ~'는 '나는 ~하고 싶어'라는 뜻인데, 그 뒤에는 하고 싶은 행동을 나타내는 동사를 붙여 쓰면 돼요. 여기에서는 '먹다', '마시다'를 뜻하는 'have', 'drink'에다가 '-ing'을 붙이면 맞는 표현이 된답니다. 갑자기 뭐가 먹고 싶을 때, 어디에 가고 싶을 때, 또는 무엇이 하고 싶을 때 모두 이 표현을 쓸 수 있어요. 어떻게 말하면 되는지 한번 연습해 볼까요?" 나는 에버랜드에 가고싶어."는 "I feel like going to Everland.(아이 필 라익 고잉 투 에붜ㄹ랜드)"라고 하면 돼요. 너무 더운 여름날, 바다나 수영장에 첨벙 뛰어들어 수영하고 싶어지죠? 그럴 땐 이렇게 말해 봐요. "I feel like swimming.(아이 필 라익 스위밍)" 간단하죠? 자, 이제 배웠으니까 뭐든지 하고 싶은 일이 있으면 주저하지 말고 영어로 큰 소리로 말해요.

- I feel like ~ 나는 ~하고 싶어
- water[wɔ́ːtər] 물
- chocolate[tʃɑ́kələt] 초콜릿
- swimming 수영하다(swim의 동명사형)
- drinking 마시다(drink의 동명사형)
- having 먹다(have의 동명사형)
- going 가다(go의 동명사형)

영어 표현 배우기 » 뭔가를 하고 싶어요.

I feel like + -ing
나는 ~하고 싶어

뭔가를 기대하거나 하고 싶은 일이 있을 때 영어로는 어떻게 표현하면 될까요? 여러 가지 상황을 상상해 보면서 영어로 직접 말해 봐요!

I feel like having chocolate.
초콜릿 먹고 싶어.

I feel like having some snacks.
과자 좀 먹고 싶어.

We feel like drinking water.
우리는 물 마시고 싶어.

We feel like going to Everland.
우리는 에버랜드에 가고 싶어.

We feel like making friends with her.
우리는 그 여자애와 친구 하고 싶어.

My mother feels like eating out tonight.
우리 엄마는 오늘 저녁 외식하고 싶어해.

Dong-ho feels like playing baseball.
동호는 야구를 하고 싶어해.

Amy feels like changing her hairstyle.
에이미는 헤어스타일을 바꾸고 싶어해.

≫≫ 스스로 하는 공부

앞 페이지에 나오는 영어 문장을 바르게 읽었는지 확인해 봐요.
새로 나온 단어의 뜻과 읽는 법도 꼭 확인하고 넘어가요!

I feel like having chocolate.
아이 필 라익 해빙 초컬릿

I feel like having some snacks.
아이 필 라익 해빙 썸 스낵스

> I feel like getting up late.

We feel like drinking water.
위 필 라익 드링킹 워터르

We feel like going to the Everland.
위 필 라익 고잉 투 더 에붜르랜드

We feel like making friends with her.
위 필 라익 메이킹 프렌즈 위드 허르

My mother feels like eating out tonight.
마이 머더르 필스 라익 이-팅 아웃 투나잇

Dong-ho feels like playing baseball.
동호 필스 라익 플레잉 베이스볼-

Amy feels like changing her hairstyle.
에이미 필스 라익 췌인징 허르 헤어르스타일

반짝반짝 단어장!

- snacks [snæks] 과자 (snack의 복수형)
- making friends 친구를 사귀다 (make의 동명사형)
- eating out 외식하다 (eat의 동명사형)
- playing baseball 야구하다 (play의 동명사형)
- changing [tʃéindʒiŋ] 바꾸다 (change의 동명사형)

89

하하호호 생활회화 ≫ **학교 생활은 어때? (2)**

꼭 알아야 할 회화표현과 2개의 대화 장면이 있어요. 하나하나 살펴보면서 큰소리로 따라 해 봐요. 친구나 부모님과 함께 하면 더욱 재미있게 할 수 있어요. 준비~ 시작!

꼭 알아야 할 학교 (2) 표현

* **Why were you late for school?**
  와이 워르 유- 레잇 풔르 스쿨-

* **Because I missed the bus.**
  비코-즈 아이 미스트 더 버스

* **What's your favorite subject?**
  왓츠 유어르 풰이붜릿 써브쥑

* **I am good at English.**
  아이 엠 굿 앳 잉글리쉬

* **I'm bored in class.**
  아임 보-ㄹ드 인 클래스

* **Don't cheat on the exam.**
  돈(트) 취-트 온 디 이그잼

왜 학교에 늦었니?

버스를 놓쳤기 때문이야.

무슨 과목을 제일 좋아하니?

나는 영어를 잘해.

수업 시간에 지루해.

시험 볼 때 커닝하지 말아라.

반짝반짝 단어장!

- why [ʍwai] 왜
- because [bikɔ́ːz] ~때문에
- subject [sʌ́bdʒikt] 과목
- bored [bɔːrd] 지루한
- cheat [tʃiːt] 속이다 / 컨닝하다
- next time [nékst táim] 다음 번에
- math [mæθ] 수학

- late [leit] 늦은
- missed [mist] 놓쳤다 (miss의 과거형)
- be good at ~에 능숙한 / 잘하는
- class [klæs] 수업
- exam [igzǽm] 시험
- science [sáiəns] 과학

90

1

Why were you late for school?
와이 워ㄹ 유- 레잇 풔ㄹ 스쿨-
왜 학교에 늦었니?

Because I got up late.
비코-즈 아이 갓 업 레잇
늦게 일어났기 때문이에요.

Don't be late next time.
돈(트) 비 레잇 넥스트 타임
다음 번에는 늦으면 안돼.

2

What's your favorite subject?
왓츠 유어ㄹ 풰이붜륏 써브쥑
무슨 과목을 제일 좋아하니?

It's science.
잇츠 싸이언스
과학이야.

I'm bored in math class.
아임 보-ㄹ드 인 매쓰 클래스
난 수학시간이 지루해.

여러분은 학교에서 어떤 생활을 하고 있나요? 학교는 어떻게 가는지, 학교생활이나 수업시간은 어떤지에 대해 친구에게 말하는 표현들을 배워서 영어로 직접 말해 봐요.

큰 소리로 말해 봐요!

* Is Lina absent?

리나 결석했니?

* Yes, because she's sick.

응, 그 애는 아프기 때문이야.

* I have a poor memory.

난 기억력이 나빠.

* I don't like science.

나는 과학을 좋아하지 않아.

* Are you good at math?

수학에 능숙하니?

* I am poor at English.

나는 영어를 못해.

* Can I borrow your eraser?

지우개 좀 빌려 주겠니?

* Can you clean the blackboard?

칠판 좀 지워 주겠니?

* May I go to the toilet?

화장실 가도 될까요?

* Don't talk too loud.

너무 크게 말하지 마.

앞 페이지에 나오는 영어 문장을 바르게 읽었는지 확인해 봐요.
새로 나온 단어의 뜻과 읽는 법도 꼭 확인하고 넘어가요!

✳ Is Lina absent?
　이즈 리나　엡슨트

✳ Yes, because she's sick.
　예스　비코-즈　쉬-즈　씩

✳ I have a poor memory.
　아이 해브　어 푸어르　메머뤼

✳ I don't like science.
　아이 돈(트)　라익　싸이언스

✳ Are you good at math?
　아르　유-　굿　앳 매쓰

✳ I am poor at English.
　아이 엠　푸어르　앳　잉글리쉬

✳ Can I borrow your eraser?
　캔　아이 바뤄우　유어르　이뤠이서르

✳ Can you clean the blackboard?
　캔　유-　클린-　더　블랙보-르드

✳ May I go to the toilet?
　메이　아이고우 투 더　토일릿

✳ Don't talk too loud.
　돈(트)　톡　투-　라우드

쑥쑥
크는
단어장

- absent [ǽbsənt] 결석한
- poor memory [puər méməri] 나쁜 기억력
- eraser [iréisər] 지우개
- blackboard [blǽkbɔ̀ːrd] 칠판
- talk [tɔːk] 말하다

- sick [sik] 아픈
- be poor at ~에 능숙하지 않은 / 잘 못하는
- clean [kliːn] 청소하다 / 닦다
- toilet [tɔ́ilit] 화장실
- loud [laud] 크게

배운 것을 기억하고 있나요?

 다음 단어로 문장을 만들어 쓰고 말해 봐요.

(1) having, some, snacks, like, feel, I (과자 좀 먹고 싶어.)

     ➡ _____

(2) eating, out, tonight, My mother, like, feels (우리 엄마는 오늘 저녁 외식하고 싶어해.)

     ➡ _____

(3) drinking, We, feel, like, water (우리는 물 마시고 싶어.)

     ➡ _____

       (1) I feel like having some snacks. (2) My mother feels like eating out tonight.
       (3) We feel like drinking water.

다음을 친구와 함께 말해 봐요. (서로 순서를 바꿔 말해 봐요.)

Isn't it hot?
이즌(트) 잇 핫
덥지 않니?

Yeah, have something cold.
예　해브　썸씽　　코울드
응, 차가운 것을 먹어.

It doesn't help. 그건 별 도움이 안돼.
잇 더즌(트)　　헬프
I feel like going swimming.
아이 필　라익　고잉　　스위밍
나는 수영하러 가고 싶어.

단어를 익혀요!

- Isn't it ~ ? ~하지 않니?
- hot[hat] 더운
- yeah 응 / 그래 / 맞아(yes와 같은 의미)
- something cold [sʌ́mθiŋ kóuld] 차가운 것
- It doesn't ~ 그건 ~않다 (It does not의 줄임말)

괄호 안에 알맞은 영어 단어를 써 넣어요.

(1) ☐☐☐ were you late for school?
왜 학교에 늦었니?

(2) ☐☐☐ I borrow your eraser?
지우개 좀 빌려 주겠니?

(3) What's your favorite ☐☐☐☐☐☐☐?
무슨 과목을 제일 좋아하니?

(4) I am ☐☐☐☐ at English.
나는 영어를 못해.

(1) Why (2) Can (3) subject (4) poor

영어 단어는 한국말로, 한국말은 영어 단어로 써 보고, 읽어 봐요.

(1) late _____   (2) because _____

(3) missed _____   (4) next time _____

(5) borrow _____   (6) 지우개 _____

(7) 수업 _____   (8) 수학 _____

(9) 과목 _____   (10) 과학 _____

(1) 늦은 (2) ~때문에 (3) 놓쳤다 (4) 다음번에 (5) 빌리다
(6) eraser (7) class (8) math (9) subject (10) science

I have a boyfriend.
나는 남자친구가 있어.

남자친구가 있을 때 친구들에게 자랑하고 싶죠? "나는 남자친구가 있어."는 "I have a boyfriend.(아이 해브 어 보이프렌드)"라고 하면 돼요. 이렇게 나는 무엇을 가지고 있다고 말할 때는 I have를 쓰면 돼요. 하지만 남자친구가 아직 없을 경우도 있겠지요? "I don't have a boyfriend.(아이 돈(트) 해브 어 보이프렌드)"라고 하면 "나는 남자친구가 없어."란 말이 돼요. 이렇게 I와 have 사이에 don't란 낱말을 넣으면 무엇이 없다는 말을 표현할 수 있어요. have를 쓸 수 있는 경우를 더 찾아볼까요? 얼굴이 잘 빨개진다는 이유만으로 홍당무, 딸기, 그리고 불타는 고구마 등 별명이 참 많은 친구가 있어요. "난 별명이 많아."라고 말하고 싶다면 "I have many nicknames.(아이 해브 메니 닉네임즈)"라고 말하면 돼요. 어떤 여자애가 남자친구가 있다는 말을 하려면 "She has a boyfriend.(쉬- 해즈 어 보이프렌드)"라 하고, 남자친구가 없다는 말은 "She doesn't have a boyfriend.(쉬- 더즌(트) 해브 어 보이프렌드)"라고 해요. 다른 친구에 대해서 말할 때는 have가 has로, don't have가 doesn't have로 바뀌는 것을 잘 알아둬요! 😊

- **I have** ~ 나는 ~을 가지고 있다
- **many**[méni] 많은
- **nicknames**[níknèimz] 별명 (nickname의 복수형)
- **don't have** ~을 가지고 있지 않다 (I, you, we, they 등과 함께)
- **doesn't have** ~을 가지고 있지 않다 (she, he, it 등과 함께)
- **has** 가지다 (she, he, it 등과 함께)
- **boyfriend**[bɔ́ifrènd] 남자친구

I have ~ / I don't have ~
나는 ~이 있어 / 나는 ~이 없어

무언가를 가지고 있거나 없을 때 영어로는 어떻게 표현하면 될까요? 여러 가지 상황을 상상해 보면서 영어로 직접 말해 봐요!

I have many nicknames.
나는 별명이 많아.

You have nice sneakers.
너는 좋은 운동화를 가졌구나.

I don't have any money.
나는 돈이 하나도 없어.

I don't have any money.

She doesn't have a boyfriend.
그 여자애는 남자친구가 없어.

He has curly hair.
그 남자애는 고수머리야.

We have a dream.
우리는 꿈이 있어.

We don't have any holidays.
우리는 휴일이 없어.

They have many questions.
그 애들은 질문이 많아.

He has curly hair.

>>> **스스로 하는 공부**

앞 페이지에 나오는 영어 문장을 바르게 읽었는지 확인해 봐요.
새로 나온 단어의 뜻과 읽는 법도 꼭 확인하고 넘어가요!

 I have many nicknames.
아이 해브   메니   닉네임즈

You have nice sneakers.
유-   해브   나이쓰   스니-커르즈

I don't have any money.
아이 돈(트)   해브   에니   머니

We don't have any holidays.

 She doesn't have a boyfriend.
쉬-   더즌(트)   해브   어   보이프렌드

He has curly hair.
하-   해즈 컬리   헤어르

 We have a dream.
위-   해브   어 드림

We don't have any holidays.
위-   돈(트)   해브   에니   할러데이즈

They have many questions.
데이   해브 메니   퀘스쳔즈

I have a car.

 반짝반짝 단어장!

- sneakers [sníːkərz] 운동화
- curly hair [kə́ːrli hɛ́ər] 곱슬머리
- dream [driːm] 꿈
- they [ðei] 그들
- questions [kwéstʃənz] 질문들 (question의 복수형)
- money [mʌ́ni] 돈
- we [wiː] 우리
- holidays [hálədèiz] 휴일 (holiday의 복수형)

99

하하호호 생활회화 » 지금 몇 시니?

꼭 알아야 할 회화표현과 2개의 대화 장면이 있어요. 하나하나 살펴보면서 큰소리로 따라 해 봐요. 친구나 부모님과 함께 하면 더욱 재미있게 할 수 있어요. 준비~ 시작!

 꼭 알아야 할 시간 표현

✳ **What time is it now?**
왓 타임 이즈 잇 나우

✳ **It is seven o'clock.**
잇 이즈 쎄븐 어클락

✳ **What time do you go to bed**
왓 타임 두 유- 고우 투 베드
at night?
앳 나잇

✳ **What time do you go to school?**
왓 타임 두 유- 고우 투 스쿨-

✳ **Let's meet at three o'clock.**
렛츠 밋- 앳 쓰뤼- 어클락

✳ **It's time to do your homework.**
잇츠 타임 투 두 유어르 호움워-르크

지금 몇 시니?

일곱 시야.

밤에 몇 시에 자니?

몇 시에 학교에 가니?

세 시에 만나자.

숙제할 시간이야.

 반짝반짝 **단어장!**

- time [taim] 시간
- o'clock [əklák] ~시
- night [nait] 밤
- homework [hóumwə̀ːrk] 숙제
- eight [eit] 8 / 여덟
- lunch [lʌntʃ] 점심식사

- seven [sévən] 7 / 일곱
- bed [bed] 침대 / 잠자리
- meet [miːt] 만나다
- ten [ten] 10 / 열
- call [kɔːl] 전화하다
- noon [nuːn] 정오 / 한낮

1

What time is it now?
왓 타임 이즈 잇 나우
지금 몇 시니?

It is ten to eight.
잇 이즈 텐 투 에잇
8시 10분 전이야.

What time will you call me?
왓 타임 윌 유 콜─ 미
너 몇 시에 나한테 전화할 거니?

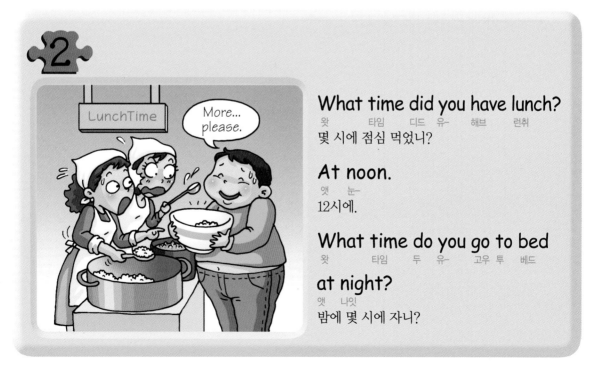

2

What time did you have lunch?
왓 타임 디드 유 해브 런취
몇 시에 점심 먹었니?

At noon.
앳 눈─
12시에.

What time do you go to bed
왓 타임 두 유─ 고우 투 베드

at night?
앳 나잇
밤에 몇 시에 자니?

생활영어 표현 배우기 》 시간

일상생활에서 자주 접하게 되는 것 중에 하나가 시간에 관한 대화예요. 시간을 묻고 대답하는 표현에는 어떤 것들이 있을까요? 여러 표현들을 배워서 영어로 직접 말해 봐요.

 큰 소리로 말해 봐요!

✳ Do you have a watch?	시계 있니?
✳ It's half past eight.	8시 반이야.
✳ It's nine o'clock.	9시야.
✳ What time do you get up in the morning?	아침에 몇 시에 일어나니?
✳ At seven thirty.	7시 30분에.
✳ What time do you go to bed at night?	밤에 몇 시에 자니?
✳ At half past eleven.	11시 반에.
✳ What time do you go to school?	몇 시에 학교에 가니?
✳ At eight o'clock.	8시에.
✳ I will come in thirty minutes.	30분 안에 올게.

》》스스로 하는 공부

앞 페이지에 나오는 영어 문장을 바르게 읽었는지 확인해 봐요.
새로 나온 단어의 뜻과 읽는 법도 꼭 확인하고 넘어가요!

❋ **Do you have a watch?**
두 유- 해브 어 와취

❋ **It's half past eight.**
잇츠 해프 패스트 에잇

❋ **It's nine o'clock.**
잇츠 나인 어클락

❋ **What time do you get up in the morning?**
왓 타임 두 유- 갯 업 인 더 모-르닝

❋ **At seven thirty.**
앳 쎄븐 써-르티

❋ **What time do you go to bed at night?**
왓 타임 두 유- 고우 투 베드 앳 나잇

❋ **At half past eleven.**
앳 해프 패스트 일레븐

❋ **What time do you go to school?**
왓 타임 두 유- 고우 투 스쿨-

❋ **At eight o'clock.**
앳 에잇 어클락

❋ **I will come in thirty minutes.**
아이 윌 컴 인 써-르티 미닛츠

• watch[wɑtʃ] 시계	• seven[sévən] 7 / 일곱
• thirty[θə́ːrti] 30 / 삼십	• past[pæst] 지난
• eleven[ilévən] 11 / 열하나	• eight[eit] 8 / 여덟
• nine[nain] 9 / 아홉	• bed[bed] 침대 / 잠자리

배운 것을 기억하고 있나요?

 다음 단어로 문장을 만들어 쓰고 말해 봐요.

(1) don't, I, any, money, have (나는 돈이 하나도 없어.)

　　○ _____

(2) hair, curly, He, has (그 남자애는 고수머리야.)

　　○ _____

(3) dream, We, a, have (우리는 꿈이 있어.)

　　○ _____

　　　　(1) I don't have any money.　(2) He has curly hair.　(3) We have a dream.

다음을 친구와 함께 말해 봐요. (서로 순서를 바꿔 말해 봐요.)

You have nice sneakers.
유- 해브 나이쓰 스니-커르즈
너 좋은 운동화를 가졌구나.

Thanks. Yours are nice, too.
쌩스 유어르스 아르 나이쓰 투-
고마워. 너의 것도 좋은데.

No, I don't think so.
노우 아이 돈(트) 씽(크) 쏘우
아니야, 나는 그렇게 생각하지 않아.

 단어를 익혀요!

• yours [juərz] 너의 것(여기서는 운동화를 말해요.)
• too [tu:] 역시 / 또한
• think [θiŋk] 생각하다
• so [sou] 그렇게

괄호 안에 알맞은 영어 단어를 써 넣어요.

(1) What time is ☐☐ now?
지금 몇 시니?

(2) ☐☐ is ten to eight.
8시 10분 전이야.

(3) It's half ☐☐☐☐ eight.
8시 반이야.

(4) It's time ☐☐ do your homework.
숙제 할 시간이야.

💣 (1) it   (2) It   (3) past   (4) to

영어 단어는 한국말로, 한국말은 영어 단어로 써 보고, 읽어 봐요.

(1) time _____   (2) thirty _____

(3) minute _____   (4) half _____

(5) past _____   (6) 정오 / 한낮 _____

(7) 전화하다 _____   (8) 점심식사 _____

(9) 시계 _____   (10) 11 _____

💣 (1) 시간 (2) 30 / 서른 (3) 분 (4) 반 (5) 지난
(6) noon (7) call (8) lunch (9) watch (10) eleven

There is a Christmas tree.
크리스마스트리가 있네.

　겨울 하면 뭐가 떠올라요? 당연히 눈이 생각나지요. 눈을 떠올리면 화이트 크리스마스가 제일 먼저 생각나요. 크리스마스를 떠올리면 산타클로스 할아버지와 크리스마스트리가 생각나지요? 정말 꼬리에 꼬리를 물면서 떠오르는 것들이 많네요. 길을 가다 크리스마스트리를 보고 "크리스마스트리가 있네."라고 말하려면 "There is a Christmas tree.(데어ㄹ 이즈 어 크뤼스머스 트뤼-)"라고 하면 돼요. 이렇게 무엇이 있다는 말을 하고 싶을 때는 앞에 There is를 붙이면 돼요. 그런데 크리스마스트리가 하나가 아니라 세 개가 있다면 어떻게 말할까요? 그때는 "There are three Christmas trees.(데어ㄹ 아ㄹ 쓰뤼- 크뤼스머스 트뤼-즈)"라고 한답니다. 무엇이 두 개 이상 있으면 There are를 붙여야 하니까요.

　자, 겨울 하면 생각나는 것이 또 뭐가 있을까요? 눈사람과 눈싸움이 생각나네요. 누군가가 만들어 놓은 눈사람을 보고 "눈사람이 있네."라고 말하려면 "There is a snowman.(데어ㄹ 이즈 어 스노우맨)"이라고 하면 돼요. There is와 There are만 알고 있으면 영어로 할 수 있는 말이 무척 많아지겠죠?

- There is ~ ~이 있다
- snowman [snóumæn] 눈사람
- snowmen [snóumèn] 눈사람들
- Christmas tree 크리스마스트리
- There are ~ ~들이 있다
- two [tuː] 2 / 둘
- three [θriː] 3 / 셋
- tree [triː] 나무

There is ~ / There are ~
~이 있다 / ~들이 있다

여기에 무엇인가가 있다는 것을 영어로 어떻게 표현
하면 될까요? 여러 가지 상황을 상상해 보면서 영어
로 직접 말해 봐요!

There is a snowman.
눈사람이 있네.

There is a McDonald's near here.
이 근처에 맥도날드가 있어.

There is a snowman.

There are two seats.
자리 두 개가 있네.

There are three Christmas trees.
크리스마스 트리가 세 개 있어.

There are many cars in Seoul.
서울에는 차가 많아.

There isn't a flower store.
꽃가게가 없네.

There aren't any letters for you.
너한테 온 편지는 없어.

There aren't many boys in my class.
우리 반에는 남자애들이 많이 없어.

There aren't any letters for you.

>>> **스스로 하는 공부**

앞 페이지에 나오는 영어 문장을 바르게 읽었는지 확인해 봐요.
새로 나온 단어의 뜻과 읽는 법도 꼭 확인하고 넘어가요!

There is a snowman.
데어ㄹ   이즈 어 스노우맨

There is a McDonald's near here.
데어ㄹ   이즈 어 맥도널즈   니어ㄹ 히어ㄹ

There are two seats.
데어ㄹ   아ㄹ 투-   씻-츠

There are three Christmas trees.
데어ㄹ   아ㄹ 쓰뤼- 크뤼스머스   트뤼-즈

There are many cars in Seoul.
데어ㄹ   아ㄹ 메니   카르즈 인 서울

There isn't a flower store.
데어ㄹ   이즌(트) 어 플라우어ㄹ 스토-ㄹ

There aren't any letters for you.
데어ㄹ   안(트)   에니 레터르즈 풔ㄹ 유-

There aren't many boys in my class.
데어ㄹ   안(트)   메니   보이즈 인 마이 클래스

반짝반짝 단어장!

- **near** [niər] 가까이 / 근처
- **seats** [si:ts] 자리들 (seat의 복수형)
- **isn't** [iznt] ~이 없다 / ~이 아니다 (is not의 줄임말)
- **flower store** [fláuər stɔ́:r] 꽃가게
- **letters** [létərz] 편지 (letter의 복수형)
- **aren't** ~이 없다 / ~이 아니다 (are not의 줄임말)

하하호호 생활 회화 ≫ 오늘은 무슨 요일이니?

꼭 알아야 할 회화표현과 2개의 대화 장면이 있어요. 하나하나 살펴보면서 큰소리로 따라 해 봐요. 친구나 부모님과 함께 하면 더욱 재미있게 할 수 있어요. 준비~ 시작!

꼭 알아야 할 날짜 · 요일 표현

✳ **What day is it today?**
왓 데이 이즈 잇 투데이

✳ **It is Friday.**
잇 이즈 프라이데이

✳ **What day do you go shopping?**
왓 데이 두 유 - 고우 쇼핑

✳ **On Saturday.**
온 쌔터르데이

✳ **What date is it today?**
왓 데잇 이즈 잇 투데이

✳ **It is November the fourteenth.**
잇 이즈 노뱀버르 더 풔르틴-쓰

오늘 무슨 요일이니?

금요일이야.

무슨 요일에 쇼핑 가니?

토요일에.

오늘은 며칠이니?

11월 14일이야.

반짝반짝 단어장!

- Monday [mʌ́ndei] 월요일
- Wednesday [wénzdei] 수요일
- Friday [fráidei] 금요일
- Sunday [sʌ́ndei] 일요일
- fourteenth [fɔ̀ːrtíːnθ] 14번째
- next [nekst] 다음에

- Tuesday [tʃúːzdei] 화요일
- Thursday [θə́ːrzdei] 목요일
- Saturday [sǽtərdei] 토요일
- November [nouvémbər] 11월
- bookstore [búkstɔːr] 서점

1

I feel free on Saturday.

What will you do on Monday?
왓 월 유 두 온 먼데이
월요일에 뭐 할 거니?

I will go to the bookstore.
아이 월 고우 투 더 북스토어르
서점에 갈 거야.

What will you do next
왓 월 유 두 넥스트

Sunday?
썬데이
다음 일요일에는 뭐 할 거니?

2

What day is it today?
왓 데이 이즈 잇 투데이
오늘 무슨 요일이니?

It's Tuesday.
잇츠 튜-즈데이
화요일이야.

I don't like Wednesday
아이 돈(트) 라익 웬즈데이

and Thursday.
앤(드) 써-ㄹ즈데이
난 수요일과 목요일이 싫어.

111

날짜 • 요일

일상생활에서 자주 접하게 되는 것 중에 하나가 날짜와 요일에 관한 대화예요. 요일을 묻고 대답하는 표현에는 어떤 것들이 있을까요? 여러 표현들을 배워서 영어로 직접 말해 봐요.

 # 큰 소리로 말해 봐요!

＊ Today is Tuesday.	오늘은 화요일이야.
＊ I like Friday best.	나는 금요일이 제일 좋아.
＊ What did you do last weekend?	지난 주말에 뭐 했니?
＊ What will you do next weekend?	다음 주말에 뭐 할 거니?
＊ What day did you go to the zoo?	무슨 요일에 동물원에 갔니?
＊ On Wednesday.	수요일에.
＊ What date is it today?	오늘은 며칠이니?
＊ It is July the fifteenth.	7월 15일이야.
＊ When did you have an exam?	언제 시험 봤니?
＊ On December the sixteenth.	12월 16일에.

》》 스스로 하는 공부

앞 페이지에 나오는 영어 문장을 바르게 읽었는지 확인해 봐요.
새로 나온 단어의 뜻과 읽는 법도 꼭 확인하고 넘어가요!

✳ Today is Tuesday.
　투데이　　이즈 튜-즈데이

✳ I like Friday best.
　아이 라익　프라이데이　베스트

✳ What did you do last weekend?
　왓　　디드 유-　두　래스트 위-켄드

✳ What will you do next weekend?
　왓　　윌　유-　두　넥스트 위-켄드

✳ What day did you go to the zoo?
　왓　　데이 디드 유-　고우 투 더　주-

✳ On Wednesday.
　온　웬 – 즈데이

✳ What date is it today?
　왓　　데잇　이즈 잇 투데이

✳ It is July the fifteenth.
　잇 이즈 줄라이　더　퓌프틴-쓰

✳ When did you have an exam?
　웬　　디드 유-　해브　언　이그잼

✳ On December the sixteenth.
　온　디쎔버르　　더　씩스틴-쓰

쑥쑥
크는
단어장

- January [dʒǽnjuèri] 1월
- March [mɑːrtʃ] 3월
- May [mei] 5월
- July [dʒuːlái] 7월
- September [septémbər] 9월
- November [nouvémbər] 11월

- February [fébruèri] 2월
- April [éiprəl] 4월
- June [dʒuːn] 6월
- August [ɔ́ːɡʌst] 8월
- October [ɑktóubər] 10월
- December [disémbər] 12월

배운 것을 기억하고 있나요?

 다음 단어로 문장을 만들어 쓰고 말해 봐요.

(1) snowman, There, a, is (눈사람이 있네.)

➔ _____

(2) are, seats, There, two (자리 두 개가 있네.)

➔ _____

(3) boys, aren't, many, There, in, my, class (우리 반에는 남자애들이 많이 없어.)

➔ _____

🔑 (1) There is a snowman.　(2) There are two seats.　(3) There aren't many boys in my class.

 **다음을 친구와 함께 말해 봐요. (서로 순서를 바꿔 말해 봐요.)**

There is someone at the door.
데어르 이즈 썸원   앳 더 도어르
문에 누군가 있어.

Are you sure?
아르 유－ 슈어르
확실해?

Yes, I heard something.
예스   아이 허－드 썸씽
응, 뭔가 들었어.

- someone[sʌ́mwʌ̀n] 누군가 / 어떤 사람
- sure[ʃuər] 확실한
- heard[həːrd] 들었다(hear의 과거형)
- something[sʌ́mθiŋ] 어떤 것 / 뭔가

괄호 안에 알맞은 영어 단어를 써 넣어요.

(1) What ☐☐☐ is it today?
오늘 무슨 요일이니?

(2) What ☐☐☐☐ is it today?
오늘 며칠이니?

(3) Today ☐☐ Tuesday.
오늘은 화요일이야.

(4) What ☐☐☐☐ you do on Monday?
월요일에 뭐 할 거니?

I feel free on Saturday.

🔑 (1) day (2) date (3) is (4) will

영어 단어는 한국말로, 한국말은 영어 단어로 써 보고, 읽어 봐요.

(1) Monday _____ (2) Thursday _____

(3) bookstore _____ (4) Tuesday _____

(5) Wednesday _____ (6) 금요일 _____

(7) 1월 _____ (8) 2월 _____

(9) 8월 _____ (10) 12월 _____

🔑 (1) 월요일 (2) 목요일 (3) 서점 (4) 화요일 (5) 수요일
(6) Friday (7) January (8) February (9) August (10) December

Let's have popcorn.
우리 팝콘 먹자.

그 동안 너무나도 보고 싶었던 해리포터 3편 「해리포터와 아즈카반의 죄수」 가 개봉했어요. 오랫동안 기다려왔으니 꼭 보고 싶겠죠? 그런데 아무래도 혼자 보기는 싫고, 그래서 친구에게 영화 보러 가자고 말하고 싶은데 어떻게 하면 될까요? "Let's go to a movie.(렛츠 고우 투 어 무-비)"라고 하면 돼요. 무엇을 하자 라고 할 때 Let's라고 말한 후 하고 싶은 일을 덧붙여서 말하면 되지요. 아주 간단하죠? 이제, 영화를 보러 갔으니 영화 표를 사야겠죠. "영화 표 사자."는 "Let's buy tickets.(렛츠 바이 티킷츠)"라고 하면 돼요. 그리고 영화 볼 때는 누가 뭐라 해도 팝콘이 빠지면 섭섭하죠. "우리 팝콘 먹자."는 "Let's have popcorn. (렛츠 해브 팝콘)"이라고 해요. 영화를 재미있게 보고 나와 집에 가려고 하는데 토요일 저녁이라 차가 많이 밀릴 것 같네요. 이럴 때, "지하철 타고 가자."는 "Let's go by subway.(렛츠 고우 바이 써브웨이)"라고 하면 돼요. Let's란 말은 이처럼 친구에게 무엇을 같이 하자고 말할 때 꼭 필요한 중요한 말이랍니다. 이제는 자신있게 영어로 친구에게 무엇인가를 하자고 말할 수 있겠지요?

- Let's [lets] ~하자 (Let us의 줄임말)
- buy [bai] 사다
- have [hæv] 먹다 / 가지다
- go [gou] 가다
- tickets [tíkits] 표 (ticket의 복수형)
- subway [sʌ́bwèi] 지하철

117

Let's ~
우리 ~하자

친구에게 무언가를 함께 하자고 말하고 싶을 때 영어로는 어떻게 표현하면 될까요? 여러 가지 상황을 상상해 보면서 영어로 직접 말해 봐요!

Let's go to a movie.
영화 보자.

Let's have lunch together.
점심 같이 먹자.

Let's do our best.
최선을 다하자.

Let's go to the prince.

Let's see Shrek 2.

Let's play football.
축구하자.

Let's go by subway.
지하철 타고 가자.

Let's see Shrek 2.
슈렉 2 보자.

Let's buy tickets.
티켓을 사자.

Let's meet in 5 minutes.
5분 후에 보자.

Let's have popcorn.
팝콘 먹자.

Let's finish it by Monday.
월요일까지 끝내자.

Let's meet in 5 minutes.

118

>>> **스스로 하는 공부**

앞 페이지에 나오는 영어 문장을 바르게 읽었는지 확인해 봐요.
새로 나온 단어의 뜻과 읽는 법도 꼭 확인하고 넘어가요!

 1

Let's go to a movie.
렛츠   고우 투   어 무-빅

Let's have lunch together.
렛츠   해브   런취   투게더르

Let's do our best.
렛츠   두   아우어르 베스트

Let's buy tickets.

Let's see Shrek 2.

Let's have popcorn.

 2

Let's play football.
렛츠   플레이 풋볼-

Let's go by subway.
렛츠   고우 바이 써브웨이

Let's see *Shrek 2.*
렛츠   씨-   슈뤡 투-

 3

Let's buy tickets.
렛츠   바이   티킷츠

Let's meet in 5 minutes.
렛츠   밋 -   인 퐈이브 미닛츠

Let's have popcorn.
렛츠   해브   팝콘

Let's finish it by Monday.
렛츠   퓌니쉬   잇 바이 먼데이

 반짝반짝 **단어장!**

- lunch [lʌntʃ] 점심식사
- meet [miːt] 만나다
- our best [áuər bést] 우리의 최선
- football [fútbɔ̀ːl] 축구
- finish [fíniʃ] 끝내다

- together [təɡéðər] 함께
- do [duː] 하다
- play [plei] 운동하다 / 게임하다
- see [siː] 보다
- Monday [mʌ́ndei] 월요일

하하호호 생활 회화 ≫ **무슨 계절이 제일 좋니?**

꼭 알아야 할 회화표현과 2개의 대화 장면이 있어요. 하나하나 살펴보면서 큰소리로 따라 해 봐요. 친구나 부모님과 함께 하면 더욱 재미있게 할 수 있어요. 준비~ 시작!

 꼭 알아야 할 계절·날씨 표현

✳ **What's your favorite season?**
왓츠 유어르 풰이붜릿 씨-즌

어느 계절을 가장 좋아하니?

✳ **My favorite season is summer.**
마이 풰이붜릿 씨-즌 이즈 써머르

좋아하는 계절은 여름이야.

✳ **What's the weather like?**
왓츠 더 웨더르 라익

날씨는 어때?

✳ **It looks like rain.**
잇 룩스 라익 뤠인

비가 올 것 같아.

✳ **What's the temperature today?**
왓츠 더 템퍼뤄춰르 투데이

오늘 기온은 몇 도니?

✳ **It's a scorcher today.**
잇츠 어 스코-르춰르 투데이

오늘은 푹푹 찌는 날이군.

 반짝반짝 단어장!

- season [síːzn] 계절
- weather [wéðər] 날씨
- temperature [témpərətʃər] 온도
- fall [fɔːl] 가을
- winter [wíntər] 겨울
- think [θiŋk] 생각하다

- summer [sʌ́mər] 여름
- rain [rein] 비 / 비가 내리다
- scorcher [skɔ́ːrtʃər] 몹시 더운 날
- really [ríːəli] 정말로
- cloudy [kláudi] 구름 낀 / 흐린

What's your favorite
왓츠   유어르   풰이붜륏
season?
씨-즌
어느 계절을 가장 좋아하니?

I like fall best.
아이 라익   퐐   베스트
나는 가을을 제일 좋아해.

Really? Winter is
뤼얼리   윈터르   이즈
my favorite season.
마이   풰이붜륏   씨-즌
정말? 내가 제일 좋아하는 계절은 겨울이야.

What's the weather like?
왓츠   더   웨더르   라익
날씨가 어때?

It's getting very cloudy.
잇츠   게팅   붸뤼   클라우디
날씨가 잔뜩 흐려지고 있어.

Do you think it will rain?
두 유-   씽(크)   잇 월   뤠인
비가 올 것 같니?

121

일상생활에서 자주 접하게 되는 것 중에 하나가 계절이나 날씨에 관한 대화예요. 이와 관련된 여러 표현들을 배워서 영어로 직접 말해 봐요.

큰 소리로 말해 봐요!

* How's the weather there?

거기 날씨는 어때?

* It's raining.

비가 오고 있어.

* It's pouring outside.

밖에 비가 억수같이 오고 있어.

* It's very hot and humid, isn't it?

정말 무덥지, 그렇지 않니?

* It's really freezing outside.

밖은 정말 추워.

* It's cloudy.

날씨가 흐려.

* It's windy.

바람 부는 날이야.

* Sunny days always cheer me up.

화창한 날에는 언제나 기분이 좋아.

* I hate rain.

나는 비를 싫어해.

* I can't stand this kind of weather.

이런 날씨는 정말 참을 수가 없어.

》》 스스로 하는 공부

앞 페이지에 나오는 영어 문장을 바르게 읽었는지 확인해 봐요.
새로 나온 단어의 뜻과 읽는 법도 꼭 확인하고 넘어가요!

* How's the weather there?
  하우즈   더   웨더ㄹ   데어ㄹ

* It's raining.
  잇츠   뤠이닝

* It's pouring outside.
  잇츠   푸어링   아웃싸이드

* It's very hot and humid, isn't it?
  잇츠   붸뤼   핫   앤(드)   휴-미드   이즌(트) 잇

* It's really freezing outside.
  잇츠   뤼얼리   프뤼징   아웃싸이드

* It's cloudy.
  잇츠   클라우디

* It's windy.
  잇츠   윈디

* Sunny days always cheer me up.
  써니   데이즈   올웨이즈   취어ㄹ   미   업

* I hate rain.
  아이 헤잇   뤠인

* I can't stand this kind of weather.
  아이 캔(트)   스탠드   디스   카인드 어브 웨더ㄹ

쑥쑥 크는 단어장

- **pouring** [pɔ́ːriŋ] 비가 억수같이 쏟아지는
- **hot** [hɑt] 더운
- **freezing** [fríːziŋ] 얼어붙게 추운
- **always** [ɔ́ːlweiz] 언제나
- **hate** [heit] 싫어하다
- **outside** [àutsáid] 밖에
- **humid** [hjúːmid] 습기 있는
- **windy** [wíndi] 바람 부는
- **cheer** [tʃiər] 기분을 북돋우다
- **stand** [stænd] 참다 / 견디다

123

배운 것을 기억하고 있나요?

 다음 단어로 문장을 만들어 쓰고 말해 봐요.

(1) do, our, Let's, best (최선을 다하자.)

➡ _____

(2) meet, Let's, in, 5 minutes (5분 후에 보자.)

➡ _____

(3) finish, it, Monday, by, Let's (월요일까지 끝내자.)

➡ _____

🔑 (1) Let's do our best.　(2) Let's meet in 5 minutes.　(3) Let's finish it by Monday.

다음을 친구와 함께 말해 봐요. (서로 순서를 바꿔 말해 봐요.)

Let's watch Channel 13.
렛츠　와취　체늘　써-ㄹ틴-
13번 채널을 보자.

What's on Channel 13?
왓츠　온　체늘　써-ㄹ틴-
13번 채널에서 뭐 하는데?

It's showing *Spiderman 2*.
잇츠　쇼윙　스파이더ㄹ맨 투-
스파이더맨 2가 방송되고 있어.

 단어를 익혀요!

· watch [wɑtʃ] 보다
· Channel 13 [tʃǽnl θə́:rtí:n] 13번 채널
· What's [hwɑts] 무엇인가?(What is의 줄임말)
· showing [ʃóuiŋ] 보여 주는

🐶 괄호 안에 알맞은 영어 단어를 써 넣어요.

(1) ☐☐☐☐☐☐ your favorite season ?
어느 계절을 가장 좋아하니?

(2) What's the weather ☐☐☐☐?
날씨가 어때?

(3) Do you think it ☐☐☐☐ rain?
비가 올 것 같니?

(4) It's really freezing ☐☐☐☐☐☐☐.
밖은 정말 추워.

🔑 (1) What's (2) like (3) will (4) outside

🐥 영어 단어는 한국말로, 한국말은 영어 단어로 써 보고, 읽어 봐요.

(1) season _____ (2) summer _____

(3) winter _____ (4) weather _____

(5) cloudy _____ (6) 가을 _____

(7) 화창한 _____ (8) 습기 있는 _____

(9) 바람 부는 _____ (10) 싫어하다 _____

🔑 (1) 계절 (2) 여름 (3) 겨울 (4) 날씨 (5) 구름 낀 / 흐린
(6) fall (7) sunny (8) humid (9) windy (10) hate

Wash your hands.
손 씻어라.

목이 마른데 꼼짝도 하기 싫을 때 여러분은 어떻게 하나요? 동생한테 물 좀 가져다 달라고 하면 되겠죠? 영어로 누구에게 어떻게 하라고 시키는 말은 쉽고 간단해요. 앞뒤에 뭐 따로 붙이는 말없이 우리가 알고 있는 동사를 그냥 말하면 되거든요. "이리 와"라고 말하고 싶으면 "Come here.(컴 히어ㄹ)"가 전부예요. 어른에게 부탁하거나, 친구에게라도 조금 공손하게 말하고 싶으면 앞이나 뒤에다가 'Please'라는 말만 붙여주면 돼요. 'Please'는 우리말로 '제발~해 줘'라는 뜻이에요. "Please, come here.(플리-즈 컴 히어ㄹ)"라고 말하면 "이리 와 줘." 정도가 되는 거죠. 여러분이 엄마에게 자주 듣는 말 중에는 "손 씻어라.", "방 치워라." 등이 있을 거예요. 이런 말들을 영어로는 "Wash your hands.(워쉬 유어ㄹ 핸즈)", "Clean the room.(클린- 더룸-)"이라고 하면 돼요. 그런데 이런 간섭을 받으면 싫을 때도 있지요? 그럴 때는 "날 내버려 둬."라고 말하고 싶겠죠? 영어로는 "Leave me alone! (리-브 미 얼론)"이라고 하면 돼요. 이렇게 문장에 주어를 쓰지 않고 동사가 직접 나오는 문장을 '명령문'이라고 해요.

- come[kʌm] 오다
- clean[kliːn] 청소하다
- wash[wɔːʃ] 씻다
- leave[liːv] 떠나다 / 내버려두다
- please[pliːz] 제발
- room[ruːm] 방
- hands[hændz] 손(hand의 복수형)
- alone[əlóun] 혼자

명령문 – 원하는 동작을 나타내는 동사 ~
~을 해라

상대방에게 무엇을 해달라고 말하거나 요청하고 싶을 때 영어로는 어떻게 표현하면 될까요? 여러 가지 상황을 상상해 보면서 영어로 직접 말해 봐요!

 Come here.
이리 와.

Look at the blackboard.
칠판을 봐.

Leave me alone!
나를 내버려 둬!

 Wash your hands.
손 씻어라.

Please, forgive me.
나를 용서해 줘.

Make a wish.
소원을 빌어.

 Clean the room.
방 치워라.

Show me the letter.
그 편지를 보여 줘.

Finish your homework.
숙제를 끝내라.

Go back home.
너희 집으로 돌아가.

〉〉〉 **스스로 하는 공부**

앞 페이지에 나오는 영어 문장을 바르게 읽었는지 확인해 봐요.
새로 나온 단어의 뜻과 읽는 법도 꼭 확인하고 넘어가요!

 1

Come here.
컴　　히어르

Look at the blackboard.
룩　　앳 더　　블랙보-르드

Leave me alone!
리-브　미　얼론

Leave me alone!

MEOW MEOW

 2

Wash your hands.
워쉬　유어르　핸즈

Please, forgive me.
플리-즈　풔르기브　미

Make a wish.
메익　어 위쉬

 3

Clean the room.
클린-　더 룸

Show me the letter.
쇼우　미 더　레터르

Finish your homework.
퓌니쉬　유어르　호움워-르크

Go back home.
고우 백　호움

 반짝반짝 단어장!

- **here** [hiər] 여기에
- **blackboard** [blǽkbɔ̀ːrd] 칠판
- **wish** [wiʃ] 소망 / 소원
- **letter** [létər] 편지
- **go back** [góu bǽk] 돌아가다

- **look** [luk] 보다
- **forgive** [fərgív] 용서하다
- **show** [ʃou] 보이다 / 보여 주다
- **finish** [fíniʃ] 끝내다
- **home** [houm] 집 / 가정

129

하하호호 생활 회화 »» 그 친구 어때?

꼭 알아야 할 회화표현과 2개의 대화 장면이 있어요. 하나하나 살펴보면서 큰소리로 따라 해 봐요. 친구나 부모님과 함께 하면 더욱 재미있게 할 수 있어요. 준비~ 시작!

 꼭 알아야 할 친구 표현

✳ **What is he like?**
왓　　　이즈 히- 라익

✳ **He's handsome.**
히-즈　　핸썸

✳ **Why do you like her?**
와이　두　유-　라익　허르

✳ **Because she's smart.**
비코-즈　　　쉬-즈　　스마르트

✳ **What is she wearing?**
왓　　　이즈 쉬-　웨어링

✳ **She's wearing a skirt and a blouse.**
쉬-즈　　웨어링　　어 스커르트 앤(드) 어 블라우스

> 그 애는 어때?
>
> 그 애는 잘생겼어.
>
> 왜 그 여자애를 좋아해?
>
> 그 여자애는 똑똑하기 때문이야.
>
> 그 여자애는 뭘 입고 있니?
>
> 그 여자애는 치마에 블라우스를 입고 있어.

 반짝반짝 단어장!

- handsome[hǽnsəm] 잘생긴
- because[bikɔ́ːz] ~때문에
- wear[wɛər] 입다
- blouse[blaus] 블라우스
- yesterday[jéstərdèi] 어제
- teacher[tíːtʃər] 선생님

- why[hwai] 왜
- smart[smɑːrt] 똑똑한
- skirt[skəːrt] 치마
- girlfriend[gə́ːrlfrènd] 여자친구
- saw[sɔː] 보았다(see의 과거형)

1

I met my girlfriend
아이 멧　　마이　걸프뤤드

yesterday.
예스터러데이
어제 여자친구 만났어.

Why do you like her?
와이　두　유　라익　허르
왜 그 여자애를 좋아해?

Because she's smart.
비코-즈　　　쉬-즈　　스마-트
그 여자애는 똑똑하기 때문이야.

2

I saw my teacher at school.
아이 쏘-　마이　티-춰르　　앳　스쿨-
학교에서 선생님 봤어.

What was your teacher
왓　　워즈　유어르　티-춰르

wearing?
웨어륑
너의 선생님 뭘 입으셨니?

She was wearing a skirt
쉬-　워즈　웨어륑　　어 스커트
and a blouse.
앤(드)　어 블라우스
치마에 블라우스를 입으셨어.

여러분은 학교에서 어떤 친구들과 친하고 누구를 좋아하나요?
친구의 성격이나 외모, 입은 옷에 대해 다른 사람에게 알리는
표현들을 배워서 영어로 직접 말해 봐요.

 큰 소리로 말해 봐요!

* What is he like?	그 애는 어때?
* He's ugly.	그 애는 못생겼어.
* He's rough.	그 애는 사나워.
* He is a bright boy.	그 애는 명랑한 소년이야.
* He is a meek child.	그 애는 착한 애야.
* She is quiet and shy.	그 여자애는 조용하고 수줍어해.
* She's plain.	그 여자애는 평범해.
* She is a cheerful girl.	그 여자애는 명랑한 소녀야.
* What is he wearing?	그 애는 뭘 입고 있니?
* He's wearing a shirt and jeans.	그 애는 셔츠에 청바지를 입고 있어.

≫ <u>스스로</u> 하는 **공부**

앞 페이지에 나오는 영어 문장을 바르게 읽었는지 확인해 봐요.
새로 나온 단어의 뜻과 읽는 법도 꼭 확인하고 넘어가요!

✱ **What is he like?**
왓　　이즈 하－　라익

✱ **He's ugly.**
하－즈　어글리

✱ **He's rough.**
하－즈　뤄프

✱ **He is a bright boy.**
하－　이즈 어 브라잇　　보이

✱ **He is a meek child.**
하－　이즈 어 믹－　촤일드

✱ **She is quiet and shy.**
쉬－　이즈 콰이엇　앤(드)　샤이

✱ **She's plain.**
쉬－즈　플레인

✱ **She is a cheerful girl.**
쉬－　이즈 어 취어ㄹ풜　　걸－

✱ **What is he wearing?**
왓　　이즈 하－ 웨어륑

✱ **He's wearing a shirt and jeans.**
하－즈　웨어륑　　어 셔ㄹ트　앤(드)　쟌－즈

쑥쑥 **크는** **단어장**

- ugly [ʌ́gli] 못생긴
- bright [brait] 밝은 / 명랑한
- child [tʃaild] 아이 / 어린이
- shy [ʃai] 수줍은
- cheerful [tʃíərfəl] 명랑한 / 쾌활한

- rough [rʌf] 난폭한 / 사나운
- meek [miːk] 순한 / 착한
- quiet [kwaiət] 조용한
- plain [plein] 평범한 / 못생긴
- jeans [dʒiːnz] 청바지

133

배운 것을 기억하고 있나요?

 다음 단어로 문장을 만들어 쓰고 말해 봐요.

(1) me, Leave, alone (나를 내버려 둬.)

   ⟳ _____

(2) me, forgive, Please (나를 용서해 줘.)

   ⟳ _____

(3) Wash, hands, your (손 씻어라.)

   ⟳ _____

🔒 (1) Leave me alone!   (2) Please, forgive me.   (3) Wash your hands.

다음을 친구와 함께 말해 봐요. (서로 순서를 바꿔 말해 봐요.)

Happy birthday to you!
해피　　버-르쓰데이　투　유-
생일 축하해!

Thanks. Can I blow out
쌩쓰　　　캔　아이　블로우　아웃
the candles?
더　캔들즈
고마워, 촛불을 끌까?

Yes. And make a wish.
예스　앤(드)　메익　어 위쉬
그래. 그리고 소원을 빌어.

- birthday [bə́ːrθdèi] 생일
- blow out [blóu àut] 불어서 끄다
- candles [kǽndlz] 촛불 (candle의 복수형)
- make a wish [meik ə wíʃ] 소원을 빌다

괄호 안에 알맞은 영어 단어를 써 넣어요.

(1) What is ☐☐ like?
그 애는 어때?

(2) Why do you like ☐☐☐?
왜 그 여자애를 좋아해?

(3) He's ☐☐☐☐☐☐☐☐.
그 애는 잘생겼어.

(4) She is quiet ☐☐☐ shy.
그 여자애는 조용하고 수줍어해.

Really?

I think he is cute.

🔑 (1) he (2) her (3) handsome (4) and

영어 단어는 한국말로, 한국말은 영어 단어로 써 보고, 읽어 봐요.

(1) shy _____

(2) ugly _____

(3) handsome _____

(4) smart _____

(5) child _____

(6) 입다 _____

(7) 순한 / 착한 _____

(8) 평범한 _____

(9) 난폭한 / 사나운 _____

(10) 밝은 / 명랑한 _____

🔑 (1) 수줍은 (2) 못생긴 (3) 잘생긴 (4) 똑똑한 (5) 아이 / 어린이
(6) wear (7) meek (8) plain (9) rough (10) bright

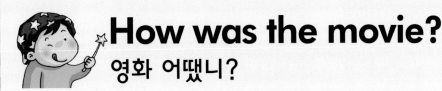

How was the movie?
영화 어땠니?

    월요일 아침 학교에서 친구를 만나면 서로 주말을 어떻게 보냈는지 물어보곤 하지요? "주말에 어땠어?"라고 묻고 싶을 때 영어로는 뭐라고 말할까요? "How was the weekend?(하우 워즈 더 위-켄드)"라고 한답니다. '어떻게'라는 뜻의 'How'를 문장 맨 앞에 쓰고, 이미 지나간 일에 대해서 물어보는 거니까 과거를 나타내는 동사 'was'를 붙이는 거죠. 친구가 주말에 영화를 봤다고 말한다면, 그 영화가 어땠는지 알고 싶겠죠? 이럴 때에는 "How was the movie?(하우 워즈 더 무-비)"라고 물어보면 돼요. 이때 과거 동사 was 대신 현재 동사 'is'나 'are'를 쓰면 지나간 일이 아니라 지금 상황을 물어보는 표현이 되는 거예요. 예를 들어 친구가 아까부터 머리가 아프다고 했는데, 지금은 좀 나아졌는지 물어보고 싶을 때에는 이렇게 말해요. "How is your headache?(하우 이즈 유어ㄹ 헤데익)"라고요. 이 표현만 알아도 궁금한 것을 다 물어볼 수 있겠죠? 여러분, 지금 우리가 하고 있는 영어 수업은 어때요? 이것은 "How is the English class?(하우 이즈 디 잉글리쉬 클래스)"라고 하면 돼요.

- how was ~ ? [háu wʌz] ~은 어땠니?
- weekend [wíːkènd] 주말
- headache [hédèik] 두통 / 머리 아픔
- was ~ [wʌz] 였다 (is의 과거형)
- movie [múːvi] 영화
- English class [íŋgliʃ klǽs] 영어 수업

그것은 어땠어요?

How was / is ~ ?
~은 어땠어?/ ~은 어때?

무엇이 어떠했는지, 현재 어떠한가를 물어보고 싶을 때 영어로는 어떻게 말하면 될까요? 여러 가지 상황을 상상해 보면서 영어로 직접 말해 봐요!

How was the weekend?
주말은 어땠어?

How was the museum?
박물관은 어땠어?

How was the weather?
날씨는 어땠어?

How was the zoo?
동물원은 어땠어?

How was the zoo?

How is your score?
네 점수는 어때?

How is your headache?
너 머리 아픈 건 어때?

How is her partner?
그 여자애 짝꿍은 어때?

How is his haircut?
그 남자애 머리 자른 거 어때?

How is his cell phone?
그 남자애 휴대폰 어때?

COOL...

How is my haircut?

>>> 스스로 하는 공부

앞 페이지에 나오는 영어 문장을 바르게 읽었는지 확인해 봐요.
새로 나온 단어의 뜻과 읽는 법도 꼭 확인하고 넘어가요!

 How was the weekend?
하우   워즈   더   위-켄드

How was the museum?
하우   워즈   더   뮤-자-엄

How was the weather?
하우   워즈   더   웨더르

How was the zoo?
하우   워즈   더   주-

How was the exam?

 How is your score?
하우   이즈 유어르   스코-어르

How is your headache?
하우   이즈 유어르   헤데익

How is her partner?
하우   이즈 허르   파-르트너르

 How is his haircut?
하우   이즈 히즈   헤어르컷

How is his cell phone?
하우   이즈 히즈 쎌   풘

 반짝반짝 단어장!

- museum [mju:zí:əm] 박물관
- zoo [zu:] 동물원
- partner [pá:rtnər] 짝 / 상대
- cell phone [sél fòun] 핸드폰

- weather [wéðər] 날씨
- score [skɔːr] 점수
- haircut [héərkʌ̀t] 이발
- in the hospital [in ðə háspitl] 병원에

 하하호호 생활회화 >>> **가족이 몇 명이니?**

꼭 알아야 할 회화표현과 2개의 대화 장면이 있어요. 하나하나 살펴보면서 큰소리로 따라 해 봐요. 친구나 부모님과 함께 하면 더욱 재미있게 할 수 있어요. 준비~ 시작!

 ## 꼭 알아야 할 가족·집 표현

✳ How many people are there in
　　하우　　메니　　피-플　　아르 데어르　인
　　your family?
　　유어르　　풰밀리

가족이 몇 명이나 되니?

✳ There are four in my family.
　　데어르　아르 풔르　인 마이 풰밀리

네 식구야.

✳ I have a sister and a brother.
　　아이 해브　어 씨스터르 앤(드) 어 브뤄더르

여자 형제와 남자 형제가 한 명씩 있어.

✳ I'm home, mom.
　　아임　호움　맘

엄마, 집에 왔어요.

✳ Come in, my son.
　　컴　　인 마이 썬

들어오렴.

 반짝반짝 단어장!

- people[pi:pl] 사람들
- brother[brʌ́ðər] 형 / 오빠 / 남자 동생
- mom[mɑm] 엄마
- tell[tel] 말하다
- who[hu:] 누구
- wash[wɔ:ʃ] 씻다

- family[fǽməli] 가족
- sister[sístər] 언니 / 누나 / 여자 동생
- son[sʌn] 아들
- three[θri:] 3 / 셋
- ready[rédi] 준비된
- already[ɔ:lrédi] 이미 / 벌써

140

Can you tell me about your family?
캔 유- 텔 미 어바웃 유어르
페밀리
가족 얘기 좀 해 주겠니?

There are three in my family.
데어르 아르 쓰루- 인 마이 페밀리
세 식구야.

Who do you like best?
후 두 유 라익 베스트
누가 제일 좋니?

I'm home, mom.
아임 호움 맘
엄마, 집에 왔어요.

Dinner is ready.
디너르 이즈 뤠디

Wash your hands, first.
워-쉬 유어르 핸즈 풔르스트
저녁 준비됐어. 먼저 손부터 씻어.

I already washed them.
아이 올-뤠디 워쉬트 뎀
이미 손을 씻었어요.

가족에 대해 말할 기회가 가끔 있었을 거예요. 우리 식구는 몇 명인지, 누구와 함께 사는지 등에 대해 다른 사람에게 알리는 표현들을 배워서 영어로 직접 말해 봐요.

큰 소리로 말해 봐요!

* How large is your family?

가족이 몇 명이니?

* Tell me about your family.

네 가족에 대해 이야기해 줘.

* How many brothers and sisters do you have?

형제자매가 몇 명이니?

* Are you the eldest son?

장남이니?

* Are you the eldest daughter?

장녀이니?

* I'm the oldest.

나는 맏이야.

* I'm the youngest.

나는 막내야.

* I am an only son.

나는 외아들이야.

* I am an only daughter.

나는 외동딸이야.

* Don't fight with your brother.

오빠와 싸우지 말아라.

>>> 스스로 하는 공부

앞 페이지에 나오는 영어 문장을 바르게 읽었는지 확인해 봐요.
새로 나온 단어의 뜻과 읽는 법도 꼭 확인하고 넘어가요!

✳ **How large is your family?**
하우   라르쥐 이즈 유어르   풰밀리

✳ **Tell me about your family.**
텔   미   어바웃   유어르   풰밀리

✳ **How many brothers and sisters do you have?**
하우   메니   브뤄더르즈   앤(드) 씨스터르즈 두 유-   해브

✳ **Are you the eldest son?**
아르 유-   디   엘디스트   썬

✳ **Are you the eldest daughter?**
아르 유-   디   엘디스트   도-터르

✳ **I'm the oldest.**
아임   디   올디스트

✳ **I'm the youngest.**
아임   더   영기스트

✳ **I'm an only son.**
아임   언   온리   썬

I like all
my family.

✳ **I'm an only daughter.**
아임   언   온리   도-터르

✳ **Don't fight with your brother.**
돈(트)   퐈잇   위드   유어르 브뤄더르

쑥쑥
크는
단어장

- **brothers and sisters** 형제자매
- **the eldest daughter** [éldist dɔ́:tər] 장녀
- **the oldest** [óuldist] 맏이
- **only son** [óunli sʌ́n] 외아들
- **fight** [fait] 싸우다
- **the eldest son** [éldist sʌ́n] 장남
- **the youngest** [jʌ́ŋgist] 막내
- **only daughter** [óunli dɔ́:tər] 외동딸

배운 것을 기억하고 있나요?

 다음 단어로 문장을 만들어 쓰고 말해 봐요.

(1) weather, the, was, How (날씨는 어땠어?)

    ○ _____

(2) score, is, your, How (네 점수는 어때?)

    ○ _____

(3) partner, is, her, How (그 여자애 짝꿍은 어때?)

    ○ _____

🔓 (1) How was the weather? (2) How is your score? (3) How is her partner?

 다음을 친구와 함께 말해 봐요. (서로 순서를 바꿔 말해 봐요.)

Long time no see.
롱   타임   노우 싸-
오랜만이네.

Yes, really. How was your
예스   뤼얼리   하우   워즈   유어르
vacation?
붸케이션
그래, 정말. 방학은 어땠니?

It was great.
잇   워즈   그뤠잇
굉장했어.

 단어를 익혀요!

- long [lɔːŋ] 긴
- no [nou] ~아니다 / ~않다
- really [ríːəli] 정말
- great [greit] 굉장한

- time [taim] 시간
- see [siː] 보다
- vacation [veikéiʃən] 방학

연습문제

🐶 괄호 안에 알맞은 영어 단어를 써 넣어요.

(1) How □□□□□ is your family?
가족이 몇 명이니?

(2) Are you the eldest □□□?
장남이니?

(3) There □□□ three in my family.
세 식구야.

(4) I am an □□□□ son.
나는 외아들이야.

💣 (1) large   (2) son   (3) are   (4) only

🐤 영어 단어는 한국말로, 한국말은 영어 단어로 써 보고, 읽어 봐요.

(1) family _____   (2) large _____

(3) three _____   (4) brother _____

(5) 언니 / 누나 / 여자 동생 _____

(6) 외동딸 _____   (7) 씻다 _____

(8) 첫째의 _____

💣 (1) 가족   (2) 큰 / 많은   (3) 3 / 셋   (4) 오빠 / 형 / 남자 동생
(5) sister   (6) only daughter   (7) wash   (8) first

When did you get up?
언제 일어났니?

친구가 학교에 늦게 왔어요. 늦잠을 잔 것은 아닐까요? 이럴 때 언제 일어났 는지 물어보려면 "When did you get up? (웬 디드 유- 겟 업)"이라고 하면 돼요. 같이 영어 학원을 다니는 친구는 긴 생머리를 하고 있는데, 내 머리카락은 좀처럼 자랄 생각을 안 하네요. 빨리 머리가 자라서 예쁜 핀도 사고 머리띠도 하고 싶은데 말이죠. 그런데 이상한 점은, 그 친구는 머리를 자른 지 얼마 안 된 것 같은데 길다는 거예요. 도대체 그 친구가 언제 머리를 잘랐는지 궁금해서 물어 보려고 해요. 이런 것을 묻고 싶을 때에도 "When did you cut your hair?(웬 디드 유- 컷 유어ㄹ 헤어ㄹ)"라고 하면 돼요. 언제 무엇을 했는지 물어볼 때 When did you란 말을 쓰면 되거든요. 그러면 다른 친구가 언제 무엇을 했는 지도 궁금하겠죠? 옆집 사는 여자애가 언제 학교에 갔는지 알고 싶을 땐, "When did she go to school?(웬 디드 쉬- 고우 투 스쿨-)"이라고 물어보면 돼요. you를 she나 he로 바꿔 말하기만 하면 되니깐 어렵지 않죠?

• When did ~ ? 언제 ~했니?
• hair[hɛər] 머리
• go to school 학교에 가다

• cut[kʌt] 자르다
• get up[get ʌp] 일어나다

147

When did you ~
너 언제 ~했니?

친구에게 무엇인가를 언제 했는지 묻고 싶을 때 영어로는 어떻게 표현하면 될까요? 여러 가지 상황을 상상해 보면서 영어로 직접 말해 봐요!

 When did you get up?
언제 일어났니?

When did you eat breakfast?
아침 언제 먹었어?

When did you cut your hair?
머리 언제 잘랐니?

When did you hear the news?
그 소식 언제 들었니?

When did you hear the news?

 When did she say that?
그 여자애가 언제 그걸 말했니?

When did he call you?
그 남자애가 언제 너한테 전화했어?

When did we move here?
우리가 언제 여기로 이사 왔지?

When did you cut your hair?

 When did we take the test?
우리가 언제 시험을 봤었지?

When did they go to school?
그 사람들이 언제 학교에 갔니?

앞 페이지에 나오는 영어 문장을 바르게 읽었는지 확인해 봐요.
새로 나온 단어의 뜻과 읽는 법도 꼭 확인하고 넘어가요!

When did you get up?
웬　디드 유－ 겟　업

When did you eat breakfast?
웬　디드 유－ 잇－ 브렉풔스트

When did you cut your hair?
웬　디드 유－ 컷　유어ㄹ 헤어르

When did you hear the news?
웬　디드 유－ 히어ㄹ 더 뉴－즈

When did she say that?
웬　디드 쉬－ 쎄이 댓

When did he call you?
웬　디드 하－ 콜－ 유－

When did we move here?
웬　디드 위－ 무－브 히어ㄹ

When did we take the test?
웬　디드 위－ 테익 더 테스트

When did they go to school?
웬　디드 데이 고우 투 스쿨－

반짝반짝 단어장!

- when[hwen] 언제
- eat[iːt] 먹다
- hear[hiər] 듣다
- move[muːv] 이사하다 / 움직이다
- get up[gét ʌp] 일어나다
- breakfast[brékfəst] 아침식사
- say[sei] 말하다
- take the test[teik ðə tést] 시험보다

149

하하호호 생활회화 ≫ 꿈이 뭐니?

꼭 알아야 할 회화표현과 2개의 대화 장면이 있어요. 하나하나 살펴보면서 큰소리로 따라 해 봐요. 친구나 부모님과 함께 하면 더욱 재미있게 할 수 있어요. 준비~ 시작!

 꼭 알아야 할 직업과 꿈 표현

* **What do you want to be?**
  왓 두 유- 원-(트) 투 비

  무엇이 되고 싶니?

* **I want to be a doctor.**
  아이 원-(트) 투 비 어 닥터ㄹ

  의사가 되고 싶어.

* **What's your dream?**
  왓츠 유어ㄹ 드림

  너의 꿈은 뭐니?

* **My dream is to be a director.**
  마이 드림 이즈 투 비 어 디렉터ㄹ

  나의 꿈은 감독이 되는 거야.

* **What's your job?**
  왓츠 유어ㄹ 잡

  너의 직업은 뭐니?

* **I'm a chef.**
  아임 어 쉐프

  나는 요리사야.

 반짝반짝 단어장!

- want to be ~이[가] 되고 싶다
- dream [dri:m] 꿈
- job [dʒɑb] 직업 / 일
- want [wɔ:nt] 원하다
- great [greit] 굉장한 / 대단한
- many [méni] 많은
- doctor [dɑ́ktər] 의사
- director [diréktər] 감독
- chef [ʃef] 요리사
- president [prézədənt] 대통령
- see [si:] 보다
- movie [mú:vi] 영화

1

What do you want to be?
왓 두 유 원-(트) 투 비
무엇이 되고 싶니?

I want to be the president.
아이 원-(트) 투 비 더 프레지던트
나는 대통령이 되고 싶어.

That's great.
댓츠 그뤠잇
그거 굉장한데.

2

What's your dream?
왓츠 유어ㄹ 드륌
너의 꿈은 뭐니?

My dream is to be a movie director.
마이 드륌 이즈 투 비 어 무-빅
디 뤽터ㄹ
나의 꿈은 영화감독이 되는 거야.

You should see many movies.
유 슈드 싸 메니
무-비즈
넌 영화를 많이 봐야겠구나.

여러분은 커서 무엇이 되고 싶어요? 각자 마음속에 한두 가지의 꿈이 있을 거예요. 친구의 장래 희망을 묻고 싶을 때 어떻게 표현해야 하는지 배워서 영어로 직접 말해 봐요.

 큰 소리로 말해 봐요!

* My sister wants to be a dancer.

내 여동생은 무용가가 되고 싶어해.

* What kind of job would you like?

어떤 종류의 직업을 좋아하니?

* I would like to be a pilot.

비행기 조종사를 좋아해.

* My dream is to be a singer.

나의 꿈은 가수가 되는 거야.

* What's her job?

그 여자의 직업은 뭐니?

* She's a fashion designer.

그녀는 패션디자이너야.

* Is she a nurse?

그녀는 간호사니?

* No, she is a doctor.

아니, 그녀는 의사야.

* Is he a painter?

그 남자는 화가니?

* No, he is a writer.

아니, 그는 작가야.

>>> 스스로 하는 공부

앞 페이지에 나오는 영어 문장을 바르게 읽었는지 확인해 봐요.
새로 나온 단어의 뜻과 읽는 법도 꼭 확인하고 넘어가요!

✳ **My sister wants to be a dancer.**
마이 씨스터르 원-츠 투 비 어 댄서르

✳ **What kind of job would you like?**
왓 카인드 어브 좝 우드 유- 라익

✳ **I would like to be a pilot.**
아이 우드 라익 투 비 어 파일럿

✳ **My dream is to be a singer.**
마이 드림 이즈 투 비 어 씽어르

✳ **What's her job?**
왓츠 허르 좝

✳ **She's a fashion designer.**
쉬-즈 어 풰션 디자이너르

✳ **Is she a nurse?**
이즈 쉬- 어 너-르스

✳ **No, she is a doctor.**
노우 쉬- 이즈 어 닥터르

✳ **Is he a painter?**
이즈 하- 어 페인터르

✳ **No, he is a writer.**
노우 하- 이즈 어 롸이터르

- sister[sístər] 누나 / 언니 / 여동생
- pilot[páilət] 비행기 조종사
- fashion designer[fǽʃən dizáinər] 패션디자이너
- nurse[nəːrs] 간호사
- write[ráitər] 작가
- dancer[dǽnsər] 무용가
- singer[síŋər] 가수
- painter[péintər] 화가

크는
단어장

배운 것을 기억하고 있나요?

다음 단어로 문장을 만들어 쓰고 말해 봐요.

(1) eat, did, When, you, breakfast (아침 언제 먹었어?)

　➡　_____

(2) say, When, that, she, did (그 여자애가 언제 그걸 말했니?)

　➡　_____

(3) move, did, we, When, here (우리가 언제 여기로 이사 왔지?)

　➡　_____

 (1) When did you eat breakfast?　(2) When did she say that?　(3) When did we move here?

다음을 친구와 함께 말해 봐요. (서로 순서를 바꿔 말해 봐요.)

Did you do your homework?
디드　유-　두-　유어르 호움워-르크
숙제 했니?

Of course.
어브 코-르스
물론이지.

When did you do it?
웬　　디드 유-　두-　잇
언제 그것을 했니?

단어를 익혀요!

- **Did you ~ ?** [díd jú:] 너 ~을 했니?
- **homework** [hóumwə̀:rk] 숙제
- **it** [it] 그것
- **do** [du:] 하다
- **Of course.** [ʌv kɔ́:rs] 물론이지.

연습문제

괄호 안에 알맞은 영어 단어를 써 넣어요.

(1) What do you ☐☐☐☐ to be?
무엇이 되고 싶니?

(2) My dream is to ☐☐ a movie director.
나의 꿈은 영화감독이 되는 거야.

(3) What's her ☐☐☐?
그 여자의 직업은 뭐니?

(4) He ☐☐ a writer.
그는 작가야.

(1) want   (2) be   (3) job   (4) is

영어 단어는 한국말로, 한국말은 영어 단어로 써 보고, 읽어 봐요.

(1) want _____ (2) president _____

(3) chef _____ (4) pilot _____

(5) dream _____ (6) 영화감독 _____

(7) 직업 / 일 _____ (8) 가수 _____

(9) 화가 _____ (10) 무용가 _____

(1) 원하다   (2) 대통령   (3) 요리사   (4) 비행기 조종사   (5) 꿈
(6) movie director   (7) job   (8) singer   (9) painter   (10) dancer

Did you take notes in the class?
너 수업 시간에 필기했어?

어제 팔이 너무 아파서 필기를 하지 못했어요. 친구는 필기를 했는지 물어 보고 싶을 때 어떻게 말하면 될까요? "Did you take notes in the class?(디드 유-테익 노우츠 인 더 클래스)"라고 하면 돼요. 또, 우리가 잠자리에 들기 전에 엄마가 꼭 물어 보시는 게 한 가지 있죠. "너 양치질했니?"라고요. 그땐 "Did you brush your teeth?(디드 유- 브뤄쉬 유어ㄹ 티-쓰)"라고 한답니다. 'Did you ~' 뒤에 '필기를 하다'라는 뜻의'take notes'를 붙이거나 '이를 닦다'라는 뜻의 'brush your teeth'를 붙여서 과거에 한 일을 묻는 문장을 만드는 거예요. 물론 'Did ~' 뒤에 오는 대상을 'he, she, they' 등으로 바꾸어 넣어서 앞에 있는 사람뿐 아니라 그 남자, 그 여자, 그들이 어떤 일을 했는지 물어볼 수도 있어요. 또 무엇을 했는지 여러 가지 궁금하겠죠? 그러면 'have lunch(해브 런취)', 'see a movie(씨- 어 무-)' 등을 붙여서 점심을 먹었는지, 영화를 봤는지 물어볼 수 있어요.

- Did you ~ ? 너 ~했니?
- teeth [ti:θ] 이 (tooth의 복수형)
- lunch [lʌntʃ] 점심식사
- take notes [teik nouts] 필기를 하다
- brush [brʌʃ] 치솔질하다
- have [hæv] 먹다 / 가지다
- see [si:] 보다

영어 표현 배우기 ≫ **무엇을 했어요?**

Did you [he, she, they] + 동사 ~
너[그 남자 / 그 여자 / 그들] ~을 했니?

상대방이나 누군가가 무엇을 했는지 물어보고 싶을 때 영어로는 어떻게 표현하면 될까요? 여러 가지 상황을 상상해 보면서 영어로 직접 말해 봐요!

Did you brush your teeth?
너 양치질 했니?

Did you take notes in the class?
너 수업 시간에 필기 했어?

Did she see the full moon?
그 여자애는 보름달 봤니?

Did she wear jeans?
그 여자애는 청바지를 입었어?

Did he send an email?
그 남자애는 이메일을 보냈어?

Did he speak loudly?
그 남자애는 크게 말했어?

Did they have lunch at noon?
그 애들은 12시에 점심 먹었어?

Did they catch the train?
그 애들은 기차를 잡았어?

Did the man look happy?
그 남자는 행복해 보였어?

>>> **스스로 하는 공부**

앞 페이지에 나오는 영어 문장을 바르게 읽었는지 확인해 봐요.
새로 나온 단어의 뜻과 읽는 법도 꼭 확인하고 넘어가요!

1 Did you brush your teeth?
디드 유 브뤄쉬 유어르 티-쓰

Did you take notes in the class?
디드 유 테익 노우츠 인 더 클래스

BROTHER?

Did it help your stomachache?

2 Did she see the full moon?
디드 쉬 씨- 더 풀 문-

Did she wear jeans?
디드 쉬 웨어르 쥔즈

Did he send an email?
디드 히- 쎈드 언 이메일

Did he speak loudly?
디드 히- 스픽- 라우들리

3 Did they have lunch at noon?
디드 데이 해브 런취 앳 눈-

Did they catch the train?
디드 데이 캐취 더 트레인

Did the man look happy?
디드 더 맨 룩 해피

Did they fall in love?

반짝반짝 **단어장!**

- at noon [æt núːn] 12시에
- send [send] 보내다
- loudly [láudli] 크게
- catch [kætʃ] 잡다

- wear [wɛər] 입다
- email [ímèil] 이메일
- the full moon 보름달
- train [tréin] 기차

159

하하호호 생활회화 >>> 취미가 뭐니?

꼭 알아야 할 회화표현과 2개의 대화 장면이 있어요. 하나하나 살펴보면서 큰소리로 따라 해 봐요. 친구나 부모님과 함께 하면 더욱 재미있게 할 수 있어요. 준비~ 시작!

꼭 알아야 할 취미 표현

* **What's your hobby?**
  왓츠   유어르 하비

* **Reading books.**
  류-딩   북스

* **What do you do in your free time?**
  왓   두 유- 두 인 유어르 프류- 타임

* **I play computer games.**
  아이 플레이 컴퓨-터르   게임즈

* **Are you interested in music?**
  아르 유- 인터뤠스티드   인 뮤-직

* **Yes, I like Korean pop music.**
  예스 아이 라익 커뤼-언   팝   뮤-직

취미가 뭐니?

책 읽는 거야.

자유 시간에는 뭘 하니?

컴퓨터 게임을 해.

음악에 관심이 있니?

나는 한국 대중음악을 좋아해.

 반짝반짝 단어장!

- hobby [hábi] 취미
- free time [fri: táim] 자유 시간
- music [mjú:zik] 음악
- favorite [féivərit] 제일 좋아하는
- Internet [íntərnèt] 인터넷

- reading [rí:diŋ] 읽는 것
- interested [íntərəstid] 관심 있는
- Korean pop music 한국 대중음악
- surf [sə:rf] 검색하다

What's your hobby?
왓츠 유어 하비
취미가 뭐니?

Reading books.
류-딩 북스
책 읽는 거야.

What's your favorite book?
왓츠 유어 페이붜릿 북
제일 좋아하는 책이 뭐니?

What do you do in your
왓 두 유- 두 인 유어
free time?
프루- 타임
자유 시간에 뭘 하니?

I surf the Internet.
아이 써르프 디 인터르넷
인터넷에서 검색을 해.

Are you on Instagram?
아르 유- 온 인스터그램
인스타그램 하니?

자유 시간에 제일 하고 싶은 것이 뭐예요? 무엇을 하면 가장 신나고 재미있나요? 자신의 취미가 무엇인지를 친구에게 말하는 표현들을 배워서 영어로 직접 말해 봐요.

큰 소리로 말해 봐요!

✳ I enjoy reading comic books.	나는 만화책 읽는 것을 즐겨.
✳ I like playing computer games.	나는 컴퓨터게임 하는 것을 좋아해.
✳ I like drawing.	나는 그리는 걸 좋아해.
✳ Do you like watching TV?	텔레비전 보는 거 좋아하니?
✳ Of course, I do.	물론이야. 좋아해.
✳ I like all TV animations.	나는 텔레비전 만화영화는 다 좋아해.
✳ Are you interested in music?	음악에 관심이 있니?
✳ I like American pop songs.	나는 미국 대중가요를 좋아해.
✳ Do you enjoy playing the piano?	피아노 연주를 즐기니?
✳ No, I enjoy playing the violin.	아니, 난 바이올린 연주를 즐겨.

>>> 스스로 하는 공부

앞 페이지에 나오는 영어 문장을 바르게 읽었는지 확인해 봐요.
새로 나온 단어의 뜻과 읽는 법도 꼭 확인하고 넘어가요!

✳ I enjoy reading comic books.
아이 인조이   류-딩   카믹   북스

✳ I like playing computer games.
아이 라익 플레잉   컴퓨-터ㄹ   게임즈

✳ I like drawing.
아이 라익   드뤄잉

✳ Do you like watching TV?
두   유-   라익   와췽   티-븨

✳ Of course, I do.
어브 코-ㄹ스   아이 두

✳ I like all TV animations.
아이 라익 올-   티-븨 에니메이션즈

✳ Are you interested in music?
아ㄹ   유-   인터뤄스티드   인 뮤-직

✳ I like American pop songs.
아이 라익   어메뤼컨   팝   쏭즈

✳ Do you enjoy playing the piano?
두   유-   인조이   플레잉   더   피애노우

✳ No, I enjoy playing the violin.
노우   아이 인조이   플레잉   더   봐이얼린

쑥쑥
크는
단어장

- enjoy [indʒɔ́i] 즐기다
- animation [æ̀nəméiʃən] 만화영화
- interested [íntərəstid] 관심 있는
- play [plei] 연주하다 / 게임을 하다
- violin [vàiəlín] 바이올린

- watch [wɑtʃ] 보다
- computer game 컴퓨터게임
- music [mjúːzik] 음악
- piano [piǽnou] 피아노
- draw [drɔː] 그림을 그리다

163

배운 것을 기억하고 있나요?

 다음 단어로 문장을 만들어 쓰고 말해 봐요.

(1) take, you, Did, notes, in, the, class (너 수업 시간에 필기했어?)

    ◉ _____

(2) wear, jeans, she, Did (그 여자애 청바지 입었어?)

    ◉ _____

(3) speak, loudly, Did, he (그 남자애는 크게 말했어?)

    ◉ _____

 (1) Did you take notes in the class? (2) Did she wear jeans? (3) Did he speak loudly?

 다음을 친구와 함께 말해 봐요. (서로 순서를 바꿔 말해 봐요.)

Did you see a movie yesterday?
디드 유- 씨 어 무-비 예스터러데이
어제 영화 봤니?

No, I didn't.
노우 아이 디든(트)
아니, 안 봤어.

Then what did you do?
덴 왓 디드 유- 두
그러면 뭐 했니?

 단어를 익혀요!

• yesterday [jéstərdèi] 어제
• no [nou] 아니 / 싫어
• didn't [didnt] ~않았다 (did not의 줄임말, did는 do의 과거형)
• then [ðen] 그러면
• what [ʰwat] 무엇
• do [du:] 하다

연 습 문 제

🐶 괄호 안에 알맞은 영어 단어를 써 넣어요.

(1) What's ☐☐☐☐ hobby?
취미가 뭐니?

(2) What ☐☐ you do in your free time?
자유 시간에 뭘 하니?

(3) Are you ☐☐☐☐☐☐☐☐☐☐ in music?
음악에 관심이 있니?

(4) I like ☐☐☐ TV animations.
텔레비전 만화영화는 다 좋아해.

🔑 (1) your (2) do (3) interested (4) all

🐤 영어 단어는 한국말로, 한국말은 영어 단어로 써 보고, 읽어 봐요.

(1) hobby _____   (2) favorite _____

(3) free time _____   (4) surf _____

(5) enjoy _____   (6) 만화영화 _____

(7) 만화책 _____   (8) 관심 있는 _____

(9) 그림 그리다 _____   (10) 바이올린 _____

🔑 (1) 취미 (2) 제일 좋아하는 (3) 자유 시간 (4) 검색하다 (5) 즐기다
(6) animation (7) comic book (8) interested (9) draw (10) violin

16 해 본 적 있어요?

Have you ever taken an airplane?
너 비행기 타 본 적 있니?

처음 비행기를 타면 무섭기도 하지만 정말 신나요. 친구들도 나처럼 비행기를 타 봤는지 영어로 물어보고 싶으면 어떻게 말하면 될까요? "Have you ever taken an airplane?(해브 유- 에붜ㄹ 테이큰 언 에어ㄹ플레인)"라고 하면 된답니다. 이렇게 무엇을 해 본 적 있는지 물어볼 때는 Have you ever를 문장 맨 앞에 쓰면 돼요. 이때 '타다'는 take인데 타 본 적 있는지 물어볼 때는 taken으로 모양이 변한다는 걸 잘 기억해 둬요. 다른 예도 들어 볼까요? 쉬는 시간에 반 친구들이 모여서 아바타 얘기를 하고 있네요. 모두들 신이 나서 자신이 가지고 있는 아바타에 대해 얘기를 하고 있는데, 한 친구만 아무 말도 않고 있길래 물어봤죠. "Have you ever bought an avatar?(해브 유- 에붜ㄹ 보-트 언 아봐타ㄹ)", "너 아바타 사 본 적 있니?"라고요. 사다는 buy인데 사 본 적 있는지 물어볼 때는 buy가 bought로 바뀌었어요. 이렇게 경험을 얘기할 때 변하는 동사의 모습을 꼭 기억해 둬요. 더 자세한 것은 중학교에 가면 배우게 될 거예요.

- Have you ever ~ ? 너 ~한 적 있니?
- taken[téikən] 탔다 (take의 과거분사형)
- been[bin] 있었다 (be의 과거분사형)
- bought[bɔːt] 샀다 (buy의 과거분사형)
- airplane[ǽərplèin] 비행기

영어 표현 배우기 》 해 본 적 있어요?

Have you ever ~ ?
너 ~한 적 있니?

친구에게 무엇인가를 해 본 적이 있는지를 묻고 싶을 때 영어로는 어떻게 표현하면 될까요? 여러 가지 상황을 상상해 보면서 영어로 직접 말해 봐요!

 Have you ever bought an avatar?
아바타 사 본 적 있니?

Have you ever been to Busan?
부산에 가 본 적 있어?

 Have you ever read *Full House*?
풀하우스 읽어 본 적 있어?

> Have you ever read
> Full House?

Have you ever taken an airplane?
너 비행기 타 본 적 있니?

Have you ever worn red shoes?
빨간색 신발 신어 본 적 있니?

 Have you ever seen the president?
대통령 본 적 있니?

Have you ever seen a big fire?
큰 불난 것 본 적 있니?

Have you ever seen a magic show?
마술쇼 본 적 있니?

> Have you
> ever worn red
> shoes?

168

>>> **스스로 하는 공부**

앞 페이지에 나오는 영어 문장을 바르게 읽었는지 확인해 봐요.
새로 나온 단어의 뜻과 읽는 법도 꼭 확인하고 넘어가요!

Have you ever bought an avatar?
해브   유-   에붜ㄹ   보-트   언   아봐타르

Have you ever been to Busan?
해브   유-   에붜ㄹ   빈   투 부산

Have you ever
heard about
this?

Have you ever read *Full House*?
해브   유-   에붜ㄹ   뤠드   풀   하우스

Have you ever taken an airplane?
해브   유-   에붜ㄹ   테이큰   언   에어ㄹ플레인

Have you ever worn red shoes?
해브   유-   에붜ㄹ   원-   뤠드   슈-즈

Have you ever seen the president?
해브   유-   에붜ㄹ   씬-   더   프뤠지던트

Have you ever seen a big fire?
해브   유-   에붜ㄹ   씬-   어 빅   퐈이어ㄹ

Have you ever seen a magic show?
해브   유-   에붜ㄹ   씬-   어 매쥑   쇼우

반짝반짝 단어장!

- eaten [íːtn] 먹었다 (eat의 과거분사형)
- read [red] 읽었다 (read의 과거분사형, 스펠링은 현재형과 같고 발음만 틀려요.)
- Full House 풀 하우스
- seen [siːn] 보았다 (see의 과거분사형)
- big fire [big faiər] 큰불
- worn [wɔːrn] 입었다 (wear의 과거분사형)
- president [prézədənt] 대통령
- magic show [mǽdʒik ʃou] 마술쇼

운동 좋아하니?

꼭 알아야 할 회화표현과 2개의 대화 장면이 있어요. 하나하나 살펴보면서 큰소리로 따라 해 봐요. 친구나 부모님과 함께 하면 더욱 재미있게 할 수 있어요. 준비~ 시작!

 꼭 알아야 할 운동 표현

* **What's your favorite sport?**
왓츠   유어르   풰이붜릿   스포-르트

* **I like tennis.**
아이 라익 테니스

* **You look very healthy.**
유- 룩   붸뤼   헬씨

* **I often exercise.**
아이 오-픈   엑써르싸이즈

* **Do you enjoy running?**
두 유- 인조이   뤄닝

* **I enjoy walking.**
아이 인조이   워-킹

제일 좋아하는 운동은 뭐니?

나는 테니스를 좋아해.

너 아주 건강해 보여.

난 자주 운동해.

달리기 즐기니?

난 걷기를 즐겨.

 반짝반짝 단어장!

- **sport** [spɔːrt] 운동
- **look** [luk] 보다 / 보이다
- **often** [ɔ́ːfən] 자주
- **run** [rʌn] 달리다
- **baseball** [béisbɔ̀ːl] 야구
- **go out** [gou aut] 밖에 나가다
- **tennis** [ténis] 테니스
- **healthy** [hélθi] 건강한
- **exercise** [éksərsàiz] 운동 / 운동하다
- **walk** [wɔːk] 걷다
- **Let's** [lets] ~하자

1

What sports do you like?
왓 스포―츠 두 유 라익
무슨 운동을 좋아하니?

I like baseball.
아이 라익 베이스볼―
야구를 좋아해.

Let's go out to play baseball.
렛츠 고우 아웃 투 플레이 베이스볼―
우리 밖에 나가서 야구하자.

2

I exercise every day.

You look very healthy.
유― 룩 붸뤼 헬씨
꽹장히 건강해 보여.

I exercise a lot.
아이 엑써르싸이즈 어 랏
운동을 많이 해.

How often do you exercise?
하우 오―픈 두 유 엑써르싸이즈
얼마나 자주 운동하니?

여러분은 어떤 운동을 좋아하나요? 달리기, 야구, 축구, 요가, 테니스 등 평소에 관심 있는 운동에 대해 친구에게 말하는 표현들을 배워서 영어로 직접 말해 봐요.

 큰 소리로 말해 봐요!

✱ What sports do you like?	무슨 운동을 좋아하니?
✱ I like swimming.	난 수영을 좋아해.
✱ I like yoga.	난 요가를 좋아해.
✱ I exercise every day.	난 매일 운동해.
✱ Shall we play baseball?	우리 야구할까?
✱ I won the game.	게임에 이겼어.
✱ I lost the game.	게임에 졌어.
✱ Let's go out to play soccer.	나가서 축구하자.
✱ I like watching basketball games.	난 농구 경기 보는 걸 좋아해.
✱ He is good at volleyball.	그 애는 배구에 소질이 있어.

≫ 스스로 하는 공부

앞 페이지에 나오는 영어 문장을 바르게 읽었는지 확인해 봐요.
새로 나온 단어의 뜻과 읽는 법도 꼭 확인하고 넘어가요!

* **What sports do you like?**
  왓 스포-르츠 두 유- 라익

* **I like swimming.**
  아이 라익 스위밍

* **I like yoga.**
  아이 라익 요우거

* **I exercise every day.**
  아이 엑써르싸이즈 에브뤼 데이

* **Shall we play baseball?**
  샬 위 플레이 베이스볼-

* **I won the game.**
  아이 원 더 게임

* **I lost the game.**
  아이 로-스트 더 게임

* **Let's go out to play soccer.**
  렛츠 고우 아웃 투 플레이 싸커르

* **I like watching basketball games.**
  아이 라익 와칭 베스킷볼- 게임즈

* **He is good at volleyball.**
  하- 이즈 굿 앳 볼리볼-

Walking is a very nice exercise.

쑥쑥 크는 단어장

- sport [spɔːrt] 운동
- basketball [bǽskitbɔ̀ːl] 농구
- yoga [jóugə] 요가
- lost [lɔːst] 졌다 (lose의 과거형)
- is good at ~에 재능이 있는
- swimming [swímiŋ] 수영
- lesson [lesn] 수업
- won [wʌn] 이겼다 (win의 과거형)
- soccer [sákər] 축구
- volleyball [válibɔ̀ːl] 배구

배운 것을 기억하고 있나요?

 다음 단어로 문장을 만들어 쓰고 말해 봐요.

(1) read, Have, ever, you, Full House (너 풀하우스 읽어 본 적 있니?)

    ○ _____

(2) seen, the, president, Have, ever, you (대통령 본 적 있니?)

    ○ _____

(3) worn, ever, you, Have, red shoes (빨간색 신발 신어 본 적 있니?)

    ○ _____

    (1) Have you ever read Full House?　(2) Have you ever seen the president?

                               (3) Have you ever worn red shoes?

 다음을 친구와 함께 말해 봐요. (서로 순서를 바꿔 말해 봐요.)

Have you ever been to
해브　유－　에붜르　빈　투
World Cup Stadium?
월드　컵　스테이디엄
월드컵경기장에 가 본 적 있니?

Yes, I have been there twice.
예스　아이　해브　빈　데어르　트와이쓰
응, 거기에 두 번 간 적 있어.
Have you?　너는 가 봤니?
해브　유－

Yes, I've been there many times.
예스　아이브　빈　데어르　메니　타임즈
응, 나는 거기에 여러 번 갔었어.

 단어를 익혀요!

- World Cup Stadium [wɔ́ːrld kʌ́p stéidiəm] 월드컵경기장
- there [ðɛə́r] 거기에
- twice [twais] 두 번 / 2회
- Have you? [hǽv júː] 상대방이 한 질문을 똑같이 되받아 할 때 쓰는 줄임말.
- many times [méni táimz] 여러 번

연습문제

괄호 안에 알맞은 영어 단어를 써 넣어요.

(1) What sports do you □□□□?
무슨 운동을 좋아하니?

(2) You □□□□ very healthy.
아주 건강해 보여.

(3) I □□□□□□□□ every day.
매일 운동해.

(4) □□□□□ we play baseball?
우리 야구할까?

Walking is a very nice exercise.

(1) like (2) look (3) exercise (4) Shall

영어 단어는 한국말로, 한국말은 영어 단어로 써 보고, 읽어 봐요.

(1) sport _____   (2) go out _____

(3) baseball _____   (4) soccer _____

(5) healthy _____   (6) 운동 / 운동하다 _____

(7) 자주 _____   (8) 매일 _____

(9) 배구 _____   (10) 이겼다 _____

(1) 운동 (2) 밖에 나가다 (3) 야구 (4) 축구 (5) 건강한
(6) exercise (7) often (8) every day (9) volleyball (10) won

I'm playing games.
난 게임하고 있어.

친구에게 전화해서 제일 먼저 물어보는 게 뭐죠? 지금 뭘 하고 있었느냐는 질문이겠죠? 이럴 때 쓰는 특별한 표현이 있으니 잘 알아 두세요. 먼저 '난 어떻다'는 말을 할 때 배웠던 I'm ~을 떠올려 봐요. 그 표현 다음에 지금 하고 있는 행동을 나타내는 말을 붙이면 된답니다. 그런데 이때 중요한 점은 하고 있는 행동을 나타내는 동사에 '-ing'를 붙인다는 것이에요. 그러면 말을 하고 있는 지금, 그 행동을 하고 있는 중이라는 뜻을 나타내게 되는 거예요. 이런 문장을 '현재진행형'이라고 해요. 조금 어려운 표현이지만 생활하면서 많이 쓰게 되므로 꼭 알아 둬요. 만약 친구에게 전화가 왔을 때 게임을 하고 있는 중이었다면 "I'm playing games.(아임 플레잉 게임즈)"라고 하고, 또 저녁을 먹고 있는 중이었다면 "I'm having dinner.(아임 해 디너ㄹ)"이라고 하는 거예요. 그러면 다른 애들이 무엇을 하고 있는지 표현할 때는 어떻게 하면 될까요? "그 여자애는 숙제를 하고 있어."는 "She's doing her homework.(쉬-즈 두잉 허ㄹ 호움워-ㄹ크)"라고 하면 돼요. 이 밖에도 여러 표현을 해 봐요.

• having [hǽviŋ] 먹고 있는(have의 진행형)   • dinner [dínər] 저녁식사
• playing [pléiiŋ] 놀고 있는(play의 진행형)   • games [geimz] 게임(game의 복수형)
• doing [dúːiŋ] 하고 있는(do의 진행형)   • homework [hóumwəːrk] 숙제
• studying [stʌ́diŋ] 공부하고 있는(study의 진행형)

177

I'm + -ing
나는 ~을 하고 있어

지금 무엇을 하고 있는지를 말하고 싶을 때 영어로는
어떻게 표현하면 될까요? 여러 가지 상황을 상상해
보면서 영어로 직접 말해 봐요!

I'm having dinner.
나는 저녁 먹고 있어.

I'm playing games.
나는 게임하고 있어.

You're making mistakes.
너는 실수하고 있어.

I'm studying for an exam.

She's thinking about you.
그 여자애는 네 생각을 하고 있어.

He's doing his homework.
그 남자애는 숙제하고 있어.

He's praying for me.
그 남자애는 나를 위해 기도하고 있어.

They're telling a lie.
그 애들은 거짓말을 하고 있어.

They're asking questions.
그 애들은 질문을 하고 있어.

It's snowing outside.
밖에 눈이 오고 있어.

Amy is brushing her teeth.
에이미는 이를 닦고 있어.

He's praying for me.

NIGHT?

178

>>> 스스로 하는 공부

앞 페이지에 나오는 영어 문장을 바르게 읽었는지 확인해 봐요.
새로 나온 단어의 뜻과 읽는 법도 꼭 확인하고 넘어가요!

 1

I'm having dinner.
아임 해빙 디너르

I'm playing games.
아임 플레잉 게임즈

You're making mistakes.
유어르 메이킹 미스테익스

말풍선: I'm playing games.

 2

She's thinking about you.
쉬-즈 씽킹 어바웃 유-

He's doing his homework.
히-즈 두잉 히즈 호움워-크

He's praying for me.
히-즈 프뤠잉 풔르 미

 3

They're telling a lie.
데이어르 텔링 어 라이

They're asking questions.
데이어르 애스킹 퀘스춴즈

It's snowing outside.
잇츠 스노윙 아웃싸이드

Amy is brushing her teeth.
에이미 이즈 브뤄슁 허르 티-쓰

 반짝반짝 단어장!

- making 만들고 있는(make의 진행형)
- thinking 생각하고 있는(think의 진행형)
- telling a lie 거짓말 하고 있는(tell의 진행형)
- questions 질문(question의 복수형)
- outside [àutsáid] 밖에
- mistakes 실수(mistake의 복수형)
- praying 기도하고 있는(pray의 진행형)
- asking 질문하고 있는(ask의 진행형)
- snowing 눈이 오고 있는(snow의 진행형)
- brushing 이를 닦고 있는(brush의 진행형)

하하호호 생활 회화 ≫ 뭐가 맛있니? (1)

꼭 알아야 할 회화표현과 2개의 대화 장면이 있어요. 하나하나 살펴보면서 큰소리로 따라 해 봐요. 친구나 부모님과 함께 하면 더욱 재미있게 할 수 있어요. 준비~ 시작!

 꼭 알아야 할 음식 (1) 표현

✻ **What's your favorite food?**
왓츠   유어르   풰이붜릿   푸-드

✻ **I like Korean food.**
아이 라익 커뤼-언   푸-드

✻ **What's for dinner?**
왓츠   풔르 디너르

✻ **Curry and rice.**
커뤼   앤(드) 라이스

✻ **Do you like kimchee?**
두 유- 라익   김치

✻ **I can't live without it.**
아이 캔(트)   리브 위다웃   잇

무슨 음식을 제일 좋아하니?

난 한국음식을 좋아해.

저녁식사는 뭐니?

카레라이스야.

김치 좋아하니?

난 그것 없이는 못살아.

 반짝반짝 단어장!

- food[fuːd] 음식
- live[liv] 살다
- pizza[píːtsə] 피자
- too[tuː] 또 / 역시
- Chinese food[t∫ainíːz fúːd] 중국음식

- dinner[dínər] 저녁
- without[wiðáut] ~없이
- Italian food[itǽljən fúːd] 이탈리아음식
- menu[ménjuː] 메뉴

Do you like pizza?
두 유 라익 피-쩌
피자 좋아하니?

Of course, I like Italian food.
어브 코-르스 아이 라익 이탤리언 푸-드
물론이야. 나는 이탈리아음식을 좋아해.

Me, too.
미 투-
나도 그래.

May I see the menu?
메이 아이 씨- 더 메뉴-
메뉴 좀 주시겠어요?

Here you are.
히어르 유- 아르
여기 있어요.

I want to eat Chinese food.
아이 원-(트) 투 잇 촤이니-즈 푸-드
중국요리를 먹고 싶어요.

181

여러분은 어떤 음식을 좋아하나요? 자장면, 피자, 스파게티, 김치볶음밥 등 평소에 관심 있는 음식에 대해 친구에게 말하는 표현들을 배워서 영어로 직접 말해 봐요.

큰 소리로 말해 봐요!

✳ This is my favorite food.	이게 내가 제일 좋아하는 음식이야.
✳ I like any kind of spicy food.	매운 음식을 좋아해.
✳ What do you eat for breakfast?	아침으로 뭘 먹니?
✳ I have rice and hot soup.	밥이랑 뜨거운 국을 먹어.
✳ May I take your order?	주문하시겠어요?
✳ Combination pizza, please.	컴비네이션 피자요.
✳ What size do you want?	어떤 크기를 원해요?
✳ Large, please.	큰 사이즈요.
✳ Do you want it for here or to go?	여기서 드실 거예요, 가지고 가실 거예요?
✳ To go, please.	가지고 갈 거예요.

앞 페이지에 나오는 영어 문장을 바르게 읽었는지 확인해 봐요.
새로 나온 단어의 뜻과 읽는 법도 꼭 확인하고 넘어가요!

✱ This is my favorite food.
디스 이즈 마이 풰이붜릿 푸-드

✱ I like any kind of spicy food.
아이 라익 에니 카인드 어브 스파이시 푸-드

✱ What do you eat for breakfast?
왓 두 유- 잇- 풔르 브뤡퍼스트

✱ I have rice and hot soup.
아이 해브 라이스 앤(드) 핫 숩-

✱ May I take your order?
메이 아이 테익 유어르 오-러더르

✱ Combination pizza, please.
컴비네이션 피-쩌 플리-즈

✱ What size do you want?
왓 싸이즈 두 유- 원(트)

✱ Large, please.
라-르쥐 플리-즈

✱ Do you want it for here or to go?
두 유- 원(트) 잇 풔르 히어르 오어르 투 고우

✱ To go, please.
투 고우 플리-즈

쑥쑥 크는 단어장	
• spicy [spáisi] 매운	• kind [kaind] 종류
• rice [rais] 쌀밥	• hot soup [hɑt suːp] 뜨거운 국
• May I ~ ? ~해도 될까요? / ~할까요?	• order [ɔ́ːrdər] 주문
• combination pizza 컴비네이션 피자	• size [saiz] 크기
• large [lɑːrdʒ] 큰	• here [hiər] 여기에

배운 것을 기억하고 있나요?

다음 단어로 문장을 만들어 쓰고 말해 봐요.

(1) having, I'm, dinner (나는 저녁 먹고 있어.)

   ○ _____

(2) thinking, you, She's, about (그 여자애는 네 생각을 하고 있어.)

   ○ _____

(3) snowing, outside, It's (밖에 눈이 오고 있어.)

   ○ _____

(1) I'm having dinner.　(2) She's thinking about you.　(3) It's snowing outside.

다음을 친구와 함께 말해 봐요. (서로 순서를 바꿔 말해 봐요.)

It's snowing outside.
잇츠　스노윙　　아웃싸이드
밖에 눈이 오고 있어.

Let's make a snowman.
렛츠　　메익　　어 스노우맨
우리 눈사람 만들자.

That's a great idea.
댓츠　　어 그뤠잇　아이디-어
그거 좋은 생각인데.

 단어를 익혀요!

- snowing [snóuiŋ] 눈이 오고 있는 (snow의 진행형)
- outside [àutsáid] 밖에
- make [meik] 만들다
- Let's [lets] ~하자
- snowman [snóumæ̀n] 눈사람
- a great idea [ə greit aidíːə] 좋은 생각

연습문제

괄호 안에 알맞은 영어 단어를 써 넣어요.

(1) What do you eat ☐☐☐ breakfast?
아침으로 뭘 먹니?

(2) ☐☐☐ I take your order?
주문하시겠어요?

(3) What's your ☐☐☐☐☐☐☐☐ food?
무슨 음식을 제일 좋아하니?

(4) Do you want it for here or ☐☐ go?
여기서 드실 거예요, 가지고 가실 거예요?

(1) for (2) May (3) favorite (4) to

영어 단어는 한국말로, 한국말은 영어 단어로 써 보고, 읽어 봐요.

(1) too _____

(2) restaurant _____

(3) breakfast _____

(4) menu _____

(5) spicy _____

(6) 쌀밥 _____

(7) 크기 _____

(8) 큰 _____

(9) 주문 / 주문하다 _____

(10) 여기에 _____

(1) 또 / 역시 (2) 음식점 (3) 아침식사 (4) 메뉴 (5) 매운
(6) rice (7) size (8) large (9) order (10) here

18

뭔가를 할 거예요.

I'm going to watch TV.
난 텔레비전 볼 거야.

친구가 숙제를 끝내면 무엇을 할 건지 물어봅니다. 텔레비전을 볼 건데 영어로 어떻게 말해야 할지 잘 모르겠다고요? I'm going to ~(아임 고잉 투) 뒤에 앞으로 하려고 했던 내용을 붙여 말하면 돼요. '텔레비전을 보다'를 말하고 싶으면 'watch TV(와취 티-)'를 붙여 말하면 되지요. 합쳐서 말해 볼까요? "I'm going to watch TV.(아임 고잉 투 와취 티-)"라고 하면 돼요. 'going'이 어디에 간다는 뜻의 'go'와 다른 거냐고요? 네, 여기서는 '간다'는 뜻은 없어요. 그냥 통째로 I'm going to ~는 '~할 예정이야, ~할 계획이야'라고 외워 두세요. 또 어른이 되면 어떤 일을 하고 싶다는 것처럼 먼 미래에 할 일을 이야기할 때도 이런 표현을 써요. 만약 커서 의사가 되고 싶다면 "I'm going to be a doctor.(아임 고잉 투 비 어 닥터ㄹ)"이라고 말하면 되겠죠. 여러분, 영어 공부가 끝난 후에는 무엇을 할 거예요? 저녁을 먹을 거라고요? 그러면 "I'm going to have supper.(아임 고잉 투 해브 써퍼ㄹ)"라고 하면 돼요. 자, 큰 소리로 자신의 여러 계획을 말해 볼까요?

뭔가를 할 거예요.

I'm going to + 동사 ~
나는 ~할 거야

> 자신이나 누군가가 무엇을 앞으로 할 건지 말하고 싶을 때 영어로는 어떻게 표현하면 될까요? 여러 가지 상황을 상상해 보면서 영어로 직접 말해 봐요!

I'm going to watch TV.
나는 텔레비전을 볼 거야.

I'm going to have supper.
나는 저녁을 먹을 거야.

I'm going to write a novel.
나는 소설을 쓸 거야.

I'm going to go bowling.
나는 볼링 치러 갈 거야.

> I'm going to have supper.

We're going to go to Japan.
우리는 일본에 갈 거야.

They're going to keep quiet.
그들은 조용히 있을 거야.

They're going to play hide-and-seek.
그들은 숨바꼭질을 할 거야.

Susan is going to take the subway.
수잔은 지하철을 탈 거야.

> We're going to eat out today.

I'm going to watch TV.
아임 고잉 투 와취 티-비

I'm going to have supper.
아임 고잉 투 해브 써퍼르

I'm going to write a novel.
아임 고잉 투 롸잇 어 나블

I'm going to go bowling.
아임 고잉 투 고우 보울링

We're going to go to Japan.
위어르 고잉 투 고우 투 줴팬

They're going to keep quiet.
데이어르 고잉 투 킵 콰이엇

They're going to play hide-and-seek.
데이어르 고잉 투 플레이 하이드 앤(드) 씩-

Susan is going to take the subway.
수잔 이즈 고잉 투 테익 더 써브웨이

반짝반짝 단어장!

- watch [wɑtʃ] 보다
- supper [sʌ́pər] 저녁식사
- novel [nɑ́vəl] 소설
- keep quiet [kiːp kwaiət] 조용히 하다
- take the subway 지하철을 타다

- have [hæv] 먹다 / 가지다
- write [rait] 쓰다
- Japan [dʒəpǽn] 일본
- play hide-and-seek 숨바꼭질 하다

하하호호 생활회화 »» 뭐 먹고 싶니? (2)

꼭 알아야 할 회화표현과 2개의 대화 장면이 있어요. 하나하나 살펴보면서 큰소리로 따라 해 봐요. 친구나 부모님과 함께 하면 더욱 재미있게 할 수 있어요. 준비~ 시작!

 꼭 알아야 할 음식 (2) 표현

✱ **What would you like to eat?**
왓   우드   유-   라익 투 잇-

뭐 먹고 싶니?

✱ **I would like to go to a nice restaurant.**
아이 우드   라익 투 고우 투 어 나이스 뤠스터뤈트

난 근사한 식당에 가고 싶어.

✱ **What kind of food do you like?**
왓   카인드 어브 푸-드   두 유-   라익

어떤 종류의 음식이 좋아?

✱ **I like melons best.**
아이 라익 멜런즈   베스트

메론이 제일 좋아.

✱ **It smells good.**
잇 스멜즈   굿

냄새 좋다.

✱ **It tastes good.**
잇 테이스츠   굿

맛이 좋다.

 반짝반짝 단어장!

- best [best] 가장 좋은 / 제일
- smell [smel] 냄새 나다 / 냄새 맡다
- go out [gou aut] 밖에 나가다
- great [greit] 대단한 / 굉장한
- cake [keik] 케이크

- melon [mélən] 메론
- taste [teist] 맛보다 / ~한 맛이 나다
- dinner [dínər] 저녁식사
- would like [wəd laik] ~하고 싶다
- some more [səm mɔ́ːr] 좀 더

Let's go out for dinner.
렛츠 고우 아웃 풔르 디너르
저녁식사 외식하자.

That's cool.
댓츠 쿨-
그거 좋지.

What would you like to eat?
왓 우드 유 라익 투 잇-
뭐 먹고 싶니?

Do you want to have some cake?
두 유- 원(트) 투 해브 썸
케익
케이크 좀 먹고 싶니?

Yes, please.
예스 플리-즈
응, 부탁해.

Do you want to have some more?
두 유- 원(트) 투 해브
썸 모어르
좀 더 먹을래?

191

여러분은 어떤 음식을 먹고 싶나요? 아이스크림, 케이크, 바비큐, 떡볶이 등 평소에 먹고 싶던 음식에 대해 친구에게 말하는 표현들을 배워서 영어로 직접 말해 봐요.

 큰 소리로 말해 봐요!

✳ What would you like to eat?	뭐 먹고 싶니?
✳ I feel like some snacks.	스낵 좀 먹고 싶어.
✳ How about barbecue?	바비큐 어때?
✳ What about some ice cream?	아이스크림 좀 먹는 것 어때?
✳ Do you want to have some cake?	케이크 좀 먹고 싶니?
✳ No, I'm full.	아니, 배불러.
✳ Which fruits do you like best?	어떤 과일이 제일 좋아?
✳ I like strawberries best.	딸기가 제일 좋아.
✳ Would you like chicken salad or ham salad?	치킨샐러드 먹을래, 햄샐러드 먹을래?
✳ Chicken salad, please.	치킨샐러드요.

》》스스로 하는 공부

앞 페이지에 나오는 영어 문장을 바르게 읽었는지 확인해 봐요.
새로 나온 단어의 뜻과 읽는 법도 꼭 확인하고 넘어가요!

✱ **What would you like to eat?**
왓 　 우드 　 유- 　 라익 　 투 　 잇-

✱ **I feel like some snacks.**
아이 　 필- 　 라익 　 썸 　 　 스낵스

✱ **How about barbecue?**
하우 　 　 어바웃 　 　 바-르비큐-

✱ **What about some ice cream?**
왓 　 　 어바웃 　 썸 　 　 아이스 크림-

✱ **Do you want to have some cake?**
두 　 유- 　 원-(트) 　 투 　 해브 　 썸 　 　 케익

✱ **No, I'm full.**
노우 　 아임 　 풜

✱ **Which fruits do you like best?**
위취 　 　 프룻-츠 　 두 　 유- 　 라익 　 베스트

✱ **I like strawberries best.**
아이 라익 　 스트뤄베뤼즈 　 　 　 베스트

✱ **Would you like chicken salad or ham salad?**
우드 　 　 유- 　 라익 　 취킨 　 　 샐러드 　 오어르 햄 　 　 샐러드

✱ **Chicken salad, please.**
취킨 　 　 샐러드 　 플리-즈

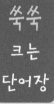

쑥쑥 크는 단어장

- snack [snæk] 과자
- barbecue [bá:rbikù:] 바비큐
- ice cream [áis krí:m] 아이스크림
- strawberries 딸기 (strawberry의 복수형)
- salad [sǽləd] 샐러드
- How about ~ [háu əbáut] ~은[는] 어때
- What about ~ ~은[는] 어때
- fruit [fru:t] 과일
- chicken [tʃíkin] 치킨 / 닭
- ham [hæm] 햄

배운 것을 기억하고 있나요?

 다음 단어로 문장을 만들어 쓰고 말해 봐요.

(1) supper, have, I'm, going, to (나는 저녁을 먹을 거야.)

◗ _____

(2) keep, to, quiet, going, They're (그들은 조용히 있을 거야.)

◗ _____

(3) play, is, golf, going, to, My father (우리 아빠는 골프를 칠 거야.)

◗ _____

🔑 (1) I'm going to have supper. (2) They're going to keep quiet.

(3) My father is going to play golf.

 다음을 친구와 함께 말해 봐요. (서로 순서를 바꿔 말해 봐요.)

Do you love your boyfriend?
두 유- 러브 유어르 보이프렌드
너 남자친구 좋아하니?

Yes, I do. I'm going to
예스 아이 두 아임 고잉 투
marry him.
메뤼 힘
응, 그래. 난 그 애와 결혼할 거야.

Really? Congratulations!
뤼얼리 컨그뤠츄레이션스
정말? 축하해.

- love[lʌv] 사랑하다 / 좋아하다
- your boyfriend[júər bɔ́ifrènd] 너의 남자친구
- marry[mǽri] 결혼하다
- Congratulations![kəngrǽtʃuléiʃənz] 축하해!

연습문제

괄호 안에 알맞은 영어 단어를 써 넣어요.

(1) What ☐☐☐☐☐ you like to eat?
뭐 먹고 싶니?

(2) Do you want to have some ☐☐☐☐?
좀 더 먹을래?

(3) It ☐☐☐☐☐☐ good.
냄새 좋은데.

(4) What ☐☐☐☐ of food do you like?
어떤 종류의 음식이 좋아?

(1) would (2) more (3) smells (4) kind

영어 단어는 한국말로, 한국말은 영어 단어로 써 보고, 읽어 봐요.

(1) 밖에 나가다 _____ (2) ～하고 싶다 _____

(3) 근사한 식당 _____ (4) 좀 더 _____

(5) 냄새 나다 _____ (6) cake _____

(7) taste _____ (8) snack _____

(9) strawberry _____ (10) fruit _____

(1) go out (2) would like (3) nice restaurant (4) some more (5) smell
(6) 케이크 (7) 맛보다 / ～한 맛이 나다 (8) 과자 (9) 딸기 (10) 과일

19

그것보다 더 좋아요.

My girlfriend is prettier than her.
내 여자친구는 그 여자애보다 예뻐.

"내 여자친구는 그 여자애보다 예뻐."라는 말을 영어로 해 볼까요? "My girlfriend is prettier than her.(마이 걸프 드 이즈 프뤼티어ㄹ 댄 허ㄹ)"라고 하면 돼요. 내 짝꿍이 내 휴대폰보다 자기 것이 더 좋다고 자꾸 우겨요. 결국 다른 친구에게 어느 것이 더 좋은가 물어봤어요. 그랬더니 이렇게 말해 주네요. "She's cell phone is better than yours.(쉬-즈 쎌 이즈 베터ㄹ 댄 유어ㄹ스)"라고요. 아이런, 이 말은 곧 짝꿍의 휴대폰이 내 것보다 더 좋다는 말이잖아요. 이렇게 무엇인가를 비교할 때 쓰는 형용사와 '~보다'라는 뜻의 'than ~'을 붙여서 두 가지를 비교하는 말을 할 수 있어요. '예쁜'이라는 뜻을 가진 'pretty'가 '더 예쁜'이라고 쓰일 때는 'prettier'로 바뀌는 거예요. '좋은'이라는 뜻을 가진 'good'이 '더 좋은'이라는 뜻으로 바뀔 때는 'better'를 쓴답니다. 나머지 형용사들의 변화도 좀 살펴볼까요? 'bad(배드)'는 'worse(워-ㄹ스)'로, 'easy(이-지)'는 'easier(이-지어ㄹ)'로, 'old(오울드)'는 'older (오울더ㄹ)'로 모양이 바뀌어요. 몇 가지만 빼고 대부분 뒤에다 '-er'만 붙이면 된답니다.

형용사 비교급 + than ~
~보다 더 ~한

두 가지 물건, 사람을 놓고 비교하고 싶을 때 영어로는 어떻게 표현하면 될까요? 여러 가지 상황을 상상해 보면서 영어로 직접 말해 봐요!

Health is better than money.
건강이 돈보다 좋아.

My girlfriend is prettier than her.
내 여자친구는 그 여자애 보다 예뻐.

It is easier than this book.
그게 이 책보다 쉬워.

My dad is older than my mom.
우리 아빠는 엄마보다 나이가 많아.

The building is taller than my house.
그 빌딩이 우리 집보다 높아.

The giant is taller than the tree.
그 거인은 그 나무보다 키가 커.

She speaks faster than me.
그 여자애는 나보다 빨리 말해.

That clock is faster than this one.
저 시계는 이 시계보다 빨라.

198

앞 페이지에 나오는 영어 문장을 바르게 읽었는지 확인해 봐요.
새로 나온 단어의 뜻과 읽는 법도 꼭 확인하고 넘어가요!

Health is better than money.
헬쓰　　　이즈 베터ㄹ　　댄　　머니

My girlfriend is prettier than her.
마이　걸프 뤤드　　　이즈 프뤼티어ㄹ　댄　　　허ㄹ

It is easier than this book.
잇 이즈 이-지어ㄹ　댄　　디스　북

That clock is faster than this one.

My dad is older than my mom.
마이　대드　이즈 오울더ㄹ 댄　　마이 맘

The building is taller than my house.
더　　　빌딩　　　이즈 톨-러ㄹ　댄　　마이 하우스

3

The giant is taller than the tree.
더　　자이언트 이즈 톨-러ㄹ　댄　　더　　트뤼-

She speaks faster than me.
쉬-　스픽-스　　페스터ㄹ 댄　　미

That clock is faster than this one.
댓　　클락　　이즈 페스터ㄹ 댄　　디스　원

 반짝반짝 단어장!

- cell phone[sél fòun] 핸드폰
- health[helθ] 건강
- taller[tɔ́:lər] 더 큰
- faster[fǽstər] 더 빠른

- mine[main] 나의 것
- money[mʌ́ni] 돈
- giant[dʒaiənt] 거인

하하호호 생활 회화 >>> 여보세요?

꼭 알아야 할 회화표현과 2개의 대화 장면이 있어요. 하나하나 살펴보면서 큰소리로 따라 해 봐요. 친구나 부모님과 함께 하면 더욱 재미있게 할 수 있어요. 준비~ 시작!

꼭 알아야 할 전화 표현

* **I'd like to speak to Hyori.**
  아이드 라익 투 스픽- 투 효리

  효리와 통화하고 싶어요.

* **This is she speaking.**
  디스 이즈 쉬- 스파-킹

  전데요.

* **Who's calling?**
  후즈 콜-링

  누구예요?

* **Hold the line, please.**
  홀(드) 더 라인 플리-즈

  끊지 말고 기다려요.

* **You have the wrong number.**
  유- 해브 더 륑- 넘버ㄹ

  전화 잘못 걸었어요.

* **I'll call again later.**
  알 콜- 어겐 레이터ㄹ

  나중에 다시 전화할게요.

반짝반짝 단어장!

- **would like to** [wəd laik tuː] ~하고 싶다
- **hold** [hould] 잡다 / 갖고 있다
- **number** [nʌ́mbər] 숫자
- **again** [əgén] 다시
- **here** [hiər] 여기에

- **speak** [spiːk] 말하다 / 통화하다
- **wrong** [rɔːŋ] 잘못된 / 틀린
- **call** [kɔːl] 전화하다
- **later** [léitər] 나중에
- **right now** [ráit náu] 바로 지금

Hello? This is Dong-ho.
헬로우 디스 이즈 동 호
여보세요? 동호예요.

Hi, Dong-ho.
하이 동 호
안녕, 동호.

May I speak to Lina?
메이 아이 스픽- 투 리나
리나와 통화할 수 있어요?

I'd like to speak to
아이드 라익 투 스픽- 투

Dong-ho, please.
동 호 플리-즈
동호와 통화하고 싶어요.

He's not here right now.
하-즈 낫 히어르 롸잇 나우
동호는 지금 여기 없어.

I'll call again later.
알 콜 어겐 레이터르
나중에 다시 걸게요.

201

일상생활에서 자주 접하게 되는 것 중에 하나가 전화로 통화하는 거예요. 전화를 걸거나 받을 때 하게 되는 여러 표현들을 배워서 영어로 직접 말해 봐요.

 큰 소리로 말해 봐요!

✳ May I speak to Don-geon?	동건이 좀 바꿔 주시겠어요?
✳ Hold on a minute, please.	잠시만 기다려요.
✳ He's not here.	그는 여기 없어요.
✳ She is on another line.	그녀는 다른 전화를 받고 있어요.
✳ There's no Yu-li here.	여기 유리라는 사람은 없어요.
✳ May I take a message?	메모 남기겠어요?
✳ May I leave a message?	메모 부탁해도 될까요?
✳ Could you call back later?	나중에 다시 전화해 주겠어요?
✳ Can I tell him who called?	누구한테서 전화 왔다고 전해 줄까요?
✳ Please tell her Eric called.	에릭이 전화했었다고 전해 주세요.

>>> **스스로 하는 공부**

앞 페이지에 나오는 영어 문장을 바르게 읽었는지 확인해 봐요.
새로 나온 단어의 뜻과 읽는 법도 꼭 확인하고 넘어가요!

✳ May I speak to Don-geon?
메이 아이 스픽- 투 동 건

✳ Hold on a minute, please.
호울드 온 어 미닛 플리-즈

✳ He's not here.
하-즈 낫 히어르

✳ She is on another line.
쉬- 이즈 온 어나더르 라인

✳ There's no Yu-li here.
데어르-즈 노우 유 리 히어르

✳ May I take a message?
메이 아이 테익 어 메씨쥐

✳ May I leave a message?
메이 아이 리-브 어 메씨쥐

✳ Could you call back later?
쿠드 유- 콜 백 레이터르

✳ Can I tell him who called?
캔 아이 텔 힘 후 콜-드

✳ Please tell her Eric called.
플라-즈 텔 허르 에릭 콜-드

쑥쑥 크는 단어장

- May I ~ ? [méi ái] ~해 주겠어요?
- minute [mínit] 분 / 잠깐
- leave a message 메모를 남기다
- tell [tel] 말하다
- another line [ənʌ́ðər láin] 다른 전화
- take a message 메모를 적다
- call back [kɔːl bǽk] 다시 전화하다
- called [kɔːld] 전화 걸었다 (call의 과거형)

203

배운 것을 기억하고 있나요?

 다음 단어로 문장을 만들어 쓰고 말해 봐요.

(1) Health, better, than, money, is (건강이 돈보다 좋아.)

　➡ _____

(2) easier, than, this book, is, It (그게 이 책보다 쉬워.)

　➡ _____

(3) She, faster, speaks, than, me (그 여자애는 나보다 빨리 말해.)

　➡ _____

 (1) Health is better than money.　(2) It is easier than this book.　(3) She speaks faster than me.

 다음을 친구와 함께 말해 봐요. (서로 순서를 바꿔 말해 봐요.)

It is one thirty p.m.
잇 이즈 원　써르티　피-엠
오후 1시 30분이에요.

No, it's one twenty five.
노우　잇츠 원　트웬티　파이브
아니야, 1시 25분이야.

My clock is faster than yours.
마이 클락　이즈 풰스터르 댄　유어르스
내 시계가 네 것보다 빠르네.

 단어를 익혀요!

- It is ~ 그것은 ~이다
- one twenty five[wán twénti fáiv] 1시 25분
- clock[klɑk] 시계
- yours[juərz] 너의 것 / 당신의 것
- one thirty p.m. 오후 1시 30분
- faster[fǽstər] 더 빠른

🐶 **괄호 안에 알맞은 영어 단어를 써 넣어요.**

(1) Hello? ☐☐☐☐ is Dong-ho.
여보세요? 동호예요.

(2) May I speak ☐☐ Lina?
리나와 통화할 수 있어요?

(3) I'll call again ☐☐☐☐☐.
나중에 다시 걸게요.

(4) She is on ☐☐☐☐☐☐☐ line.
그녀는 다른 전화를 받고 있어요.

🔓 (1) This (2) to (3) later (4) another

🐤 **영어 단어는 한국말로, 한국말은 영어 단어로 써 보고, 읽어 봐요.**

(1) speak _____   (2) hold _____

(3) again _____   (4) later _____

(5) number _____   (6) 누구 _____

(7) 다른 전화 _____   (8) 다시 전화하다 _____

(9) 바로 지금 _____   (10) 말하다 _____

🔓 (1) 말하다 / 통화하다 (2) 갖고 있다 / 잡다 (3) 다시 (4) 나중에 (5) 번호 / 숫자
(6) who (7) another line (8) call again (9) right now (10) tell

How much is this?
이것은 얼마예요?

　　내일은 동생의 생일. 하나밖에 없는 동생이니 생일 선물을 사 줘야 되겠죠? 일단 선물 가게부터 가 보긴 했는데, 종류가 너무 다양하고 새로운 것들도 많이 나와서 무엇을 사야 할지 참 고민이 되네요. 자, 이럴 땐 가게에서 일하고 있는 사람에게 물어보는 것이 제일 쉽고 빠른 방법이랍니다. "이것은 무엇입니까?"는 영어로"What is this?(왓 이즈 디스)"라고 해요. 줄여서 "What's this?(왓츠 디스)"라고도 해요. 이때 '이것은 선풍기입니다.'라고 대답하고 싶으면, 'This is a fan.(디스 이즈 어 팬)'이라고 하면 돼요. 만약에 처음 보는 인형이 있다면, 인형의 이름을 어떻게 물어보면 좋을까요? "What is the name of the doll?(왓 이즈 더 네임 어브 더 달)"이라고 하면 돼요. 너무 비싼 건 살 수 없으니 가격도 알아야 되겠죠? "이것은 얼마예요?"는 "How much is this?(하우 머취 이즈 디스)"라고 물어보면 돼요. '이것은 3,000원 입니다.'라고 대답한다면, 숫자 3은 three, 1,000은 thousand이니까 'This is three thousand won.(디스 이즈 쓰뤼- 싸우전드 원)'이라고 하면 돼요. 자, 이제 영어로 물건을 살 수 있겠죠? 😊

영어 표현 배우기 » **이것은 무엇이에요?**

① What is ~ ? / This[That, These, Those] is / are ~
~은 무엇이니? / 이것[저것, 이것들, 저것들]은 ~이야
② How much is~? / This[That, These, Those] is / are ~
~은 얼마니? / 이것[저것, 이것들, 저것들]은 얼마야

이것이 무엇인지 알고 싶거나 답해 줄 때, 얼마인지
를 물어보고 답할 때 어떻게 표현하면 될까요? 여러
가지 상황을 상상해 보면서 영어로 직접 말해 봐요!

What is this?
이것은 무엇입니까?

This is a fan.
이것은 선풍기입니다.

What are these?
이것들은 무엇입니까?

What is that?
저것은 무엇입니까?

What are those?
저것들은 무엇입니까?

How much is this?
이것은 얼마입니까?

This is two hundred won.
이것은 200원 입니다.

How much is that?
저것은 얼마입니까?

How much are these?
이것들은 얼마입니까?

How much are those?
저것들은 얼마입니까?

208

>>> **스스로 하는 공부**

앞 페이지에 나오는 영어 문장을 바르게 읽었는지 확인해 봐요.
새로 나온 단어의 뜻과 읽는 법도 꼭 확인하고 넘어가요!

 1

What is this?
왓   이즈 디스

This is a fan.
디스   이즈 어 풴

What are these?
왓   아르   디-즈

 2

What is that?
왓   이즈 댓

What are those?
왓   아르   도우즈

How much is this?
하우   머취   이즈 디스

This is two hundred won.
디스   이즈 투- 헌드뤠드   원

 3

How much is that?
하우   머취   이즈 댓

How much are these?
하우   머취   아르 디-즈

How much are those?
하우   머취   아르 도우즈

 반짝반짝 **단어장!**

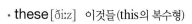

- this[ðis] 이것
- that[ðæt] 저것
- hundred[hʌ́ndrəd] 100/백
- two hundred won[túː hʌ́ndrəd wʌ́n] 200원

- these[ðiːz] 이것들(this의 복수형)
- those[ðouz] 저것들(that의 복수형)

209

하하호호 생활 회화 ≫≫ 여기가 어디예요?

꼭 알아야 할 회화표현과 2개의 대화 장면이 있어요. 하나하나 살펴보면서 큰소리로 따라 해 봐요. 친구나 부모님과 함께 하면 더욱 재미있게 할 수 있어요. 준비~ 시작!

 ## 꼭 알아야 할 길 찾기 표현

✳ **Could you tell me where I am?**
쿠드 유- 텔 미 웨어르 아이 엠

✳ **I'm a stranger here.**
아임 어 스트뤠인줘르 히어르

✳ **I'm afraid I'm lost.**
아임 어프뤠이드 아임 로스트

✳ **You can't miss it.**
유- 캔(트) 미스 잇

✳ **How far is it?**
하우 퐈-르 이즈 잇

✳ **It's too far to walk.**
잇츠 투- 퐈-르 투 웍

여기가 어디예요?

저는 이곳이 처음이에요.

길을 잃은 것 같아요.

그걸 (못 보고) 놓치지 않을 거예요.

얼마나 멀어요?

걷기에는 너무 멀어요.

 반짝반짝 단어장!

- **where**[hwɛər] 어디에
- **afraid**[əfréid] 두려운 / 무서운
- **miss**[mis] 놓치다
- **too**[tuː] 너무
- **question**[kwéstʃən] 질문 / 의문
- **bus terminal**[bʎs tə́ːrmənl] 버스 정류장

- **stranger**[stréindʒər] 낯선 사람
- **be lost**[bi lɔːst] 길을 잃다
- **far**[fɑːr] 멀리 / 멀리에
- **walk**[wɔːk] 걷다
- **know**[nou] 알다
- **straight**[streit] 곧은 / 일직선의

1

Excuse me, but I have
익스큐-즈 미 벗 아이 해브

a question.
어 퀘스쳔
실례지만, 말씀 좀 묻겠어요.

Sure. What would you like
슈어르 왓 우드 유- 라익

to know?
투 노우
네. 무슨 일이에요?

I don't know where I am.
아이 돈(트) 노우 웨어르 아이 엠
여기가 어딘지 몰라서요.

2

Can you tell me where
캔 유- 텔 미 웨어르

the bus terminal is?
더 버스 터르미널 이즈
버스정류장이 어디 있는지 알려 주겠어요?

Just go straight.
저슷 고우 스트뤠잇
곧장 앞으로 가세요.

Is it far from here?
이즈 잇 퐈어르 프뤔 히어르
여기서 먼가요?

일상생활에서 자주 접하게 되는 것 중에 하나가 길을 묻는 거예요. 길이나 장소를 묻거나 대답해 줄 때 하게 되는 여러 표현들을 배워서 영어로 직접 말해 봐요.

 큰 소리로 말해 봐요!

* We're in Yongsan-gu.

여기는 용산구예요.

* I'm looking for a gas station.

주유소를 찾고 있어요.

* How can I get there?

거기에 어떻게 가면 돼요?

* How can I get to the bus terminal?

버스터미널에 어떻게 가면 돼요?

* How often does the bus run?

그 버스는 얼마나 자주 다녀요?

* Could you show me the way to the station?

역으로 가는 길을 알려 주겠어요?

* How long does it take to get there?

거기 가는데 얼마나 걸려요?

* Is it near here?

여기서 가까워요?

* Is it far from here?

여기서 멀어요?

* Can I walk there?

거기에 걸어서 갈 수 있어요?

>>> 스스로 하는 공부

앞 페이지에 나오는 영어 문장을 바르게 읽었는지 확인해 봐요.
새로 나온 단어의 뜻과 읽는 법도 꼭 확인하고 넘어가요!

✳ We're in Yongsan-gu.
   위어르   인   용산구

✳ I'm looking for a gas station.
   아임   루킹   풔-ㄹ 어 개스 스테이션

✳ How can I get there?
   하우   캔   아이 겟   데어르

✳ How can I get to the bus terminal?
   하우   캔   아이 겟   투 더   버스   타-ㄹ미널

✳ How often does the bus run?
   하우   오-픈   더즈   더   버스   뤈

✳ Could you show me the way to the station?
   쿠드   유-   쇼우   미 더   웨이   투 더   스테이션

✳ How long does it take to get there?
   하우   롱   더즈   잇 테익   투 겟   데어르

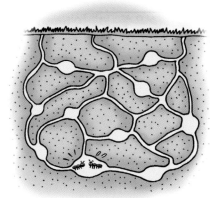

✳ Is it near here?
   이즈 잇 니어르   히어르

✳ Is it far from here?
   이즈 잇 퐈ㄹ 프뤔   히어르

✳ Can I walk there?
   캔   아이 웍-   데어르

- looking for [lúkiŋ fɔːr] ~을 찾고 있는
- get [get] 가다
- how often [háu ɔ́ːfən] 얼마나 자주
- show [ʃou] 보여 주다 / 가르쳐 주다
- how long [háu lɔ́ːŋ] 얼마나 긴
- gas station [gǽs stéiʃən] 주유소
- there [ðɛ́ər] 거기에
- run [rʌn] 달리다 / 주행하다
- way [wei] 길

213

배운 것을 기억하고 있나요?

 다음 단어로 문장을 만들어 쓰고 말해 봐요.

(1) fan, a, is, This (이것은 선풍기입니다.)

　⊙ _____

(2) much, is, this, How (이것은 얼마입니까?)

　⊙ _____

(3) two hundred , is, This, won (이것은 200원 입니다.)

　⊙ _____

　　　　　　　　　　　⚓ (1) This is a fan. (2) How much is this? (3) This is two hundred won.

다음을 친구와 함께 말해 봐요. (서로 순서를 바꿔 말해 봐요.)

Here's your birthday present.
히어르즈　　유어르　　버-르쓰데이　　프레즌트
여기 네 생일 선물이야.

Wow! Thank you very much.
와우　　쌩큐-　　　　　뷔뤼　　머취
What is this?
왓　　　이즈 디스
와우! 정말 고마워. 이것은 뭐니?

It is a tablet PC.
잇 이즈 어 태블릿　　파-씨-
태블릿 PC야.

- Here's ~ [hiərz] 여기 ~이[가] 있다 (Here is의 줄임말)
- birthday [bə́ːrθdèi] 생일　　　　　• present [preznt] 선물
- thank [θæŋk] 고맙다　　　　　　　• very much [véri mʌ́tʃ] 매우 많이
- tablet PC [tǽblət piːsíː] 태블릿 PC

연습문제

🐕 괄호 안에 알맞은 영어 단어를 써 넣어요.

(1) I don't know ☐☐☐☐☐ I am.
여기가 어딘지 몰라요.

(2) I'm a ☐☐☐☐☐☐☐ here.
저는 이곳이 처음이에요.

(3) I'm ☐☐☐☐☐☐ I'm lost.
길을 잃은 것 같아요.

(4) Is it far ☐☐☐☐ here?
여기서 멀어요?

🔑 (1) where (2) stranger (3) afraid (4) from

🐤 영어 단어는 한국말로, 한국말은 영어 단어로 써 보고, 읽어 봐요.

(1) walk _____

(2) know _____

(3) where _____

(4) near _____

(5) far _____

(6) 낯선 사람 _____

(7) 두려운 / 무서운 _____

(8) 길을 잃다 _____

(9) 주유소 _____

(10) 놓치다 _____

🔑 (1) 걷다 (2) 알다 (3) 어디에 (4) 가까운 (5) 멀리 / 멀리에
(6) stranger (7) afraid (8) be lost (9) gas station (10) miss

Good morning, Lina.
좋은 아침이야, 리나.

Good morning, Dong-ho.
좋은 아침이야, 동호.

Where are you going now?
지금 어디 가니?

I'm going to school.
학교 가는 중이야.

I'll give you this.
이것을 너에게 줄게.

Thank you very much.
굉장히 고마워.

You're welcome.
천만에.

It's very nice of you.
너 정말 멋져.

PRESENT~

Hello, Lina!
안녕, 리나!

Hi, Dong-ho!
안녕, 동호!

It's a very nice day.
정말 좋은 날이야.

That's right.
맞아.

How are you?
안녕하세요?

I'm fine, thank you. And you?
저는 좋아요. 고마워요. 당신은요?

Fine, thanks.
좋아요. 감사합니다.

See you later.
다음에 봐요.

I'll go with you.
너와 함께 갈 거야.

Thanks a lot.
정말 고마워.

It is nothing.
별 거 아니야.

I'm so happy.
정말 행복해.

I'm sorry, Lina.
리나, 미안해.

What's up?
무슨 일이야?

I forgot your birthday.
너의 생일을 잊었어.

No problem.
괜찮아.

How old are you?
너 몇 살이니?

I'm ten years old. And you?
나는 열 살이야. 너는?

I'm nine.
난 아홉 살이야.

Nice to meet you.
만나서 반가워.

Are you thirsty?
목마르니?

Yes, I am. Could you give me something to drink?
응, 목말라. 마실 것 좀 줄래?

Here's some milk.
여기 우유가 있어.

Thank you. 고마워.

What's your name?
너의 이름은 뭐니?

My name is Lina.
나의 이름은 리나야.

What's his name?
그의 이름은 뭐니?

His name is Dong-ho Lee.
그의 이름은 이동호야.

What's up?
무슨 일이니?

I'm very hungry.
나 아주 배고파.

Here's some bread.
여기 빵이 좀 있어.

It looks delicious.
그거 맛있어 보이네.

What's wrong?
뭐가 잘못됐니?

It's nothing.
별 거 없어.

You look sad.
너 슬퍼 보여.

I'm OK.
난 괜찮아.

12

Did you take some medicine?
약 좀 먹었니?

Yes I did.
응, 먹었어.

How are you feeling now?
지금 기분이 어때?

I'm fine. Thanks.
괜찮아. 고마워.

14

I'm feeling sad today.
오늘은 기분이 우울해.

What's wrong with you?
뭐가 잘못됐는데?

I'm just in a bad mood.
그냥 기분이 안 좋아.

Just let it go.
그냥 잊어 버려.

16

Are you sick?
아프니?

I have a stomachache.
배가 아파.

You should go to a doctor.
병원에 가야겠다.

Yes, I will.
응, 그럴게.

How are you feeling now?
지금 기분이 어때?

I'm flying.
날아갈 듯 해.

That's great.
그거 굉장한데.

I'm so happy now.
지금 너무 행복해.

What's the problem?
뭐가 문제야?

I have a cold.
감기 걸렸어.

That's too bad.
그것 참 안됐다.

That's OK. I'll take medicine.
괜찮아. 나 약 먹을 거야.

Did you lose something?
너 뭐 잃어버렸니?

I lost my schoolbag.
책가방을 잃어버렸어.

When did you lose it?
언제 그걸 잃어버렸니?

It was yesterday morning.
어제 아침에.

What do you want to be?
무엇이 되고 싶니?

I want to be the president.
나는 대통령이 되고 싶어.

That's great.
그거 굉장한데.

I'll study hard.
열심히 공부할 거야.

What's her job?
그 여자의 직업은 뭐니?

She is a chef.
그녀는 요리사야.

Where is she working?
그 여자는 어디서 일하고 있니?

She is working at LOTTE Hotel.
그녀는 롯데호텔에서 일해.

What do you do in your free time?
자유 시간에 뭘 하니?

I surf the Internet.
인터넷에서 검색을 해.

Are you on Instagram?
인스타그램 하니?

Yes I'm on Instagram.
응, 하고 있어.

What's your dream?
너의 꿈은 뭐니?

My dream is to be a movie director.
나의 꿈은 영화감독이 되는 거야.

You should see many movies.
넌 영화를 많이 봐야겠구나.

That's right.
맞아.

What's your hobby?
취미가 뭐니?

Reading books.
책 읽는 거야.

What's your favorite book?
제일 좋아하는 책이 뭐니?

It's *Harry Potter*.
해리포터야.

What sports do you like?
무슨 운동을 좋아하니?

I like baseball.
야구를 좋아해.

Let's go out to play baseball.
우리 밖에 나가서 야구하자.

Good idea.
좋은 생각이야.

You look very healthy.
꿩장히 건강해 보여.

I exercise a lot.
난 운동을 많이 해.

How often do you exercise?
얼마나 자주 운동하니?

I exercise every day.
매일 운동해.

Do you like pizza?
피자 좋아하니?

Of course, I like Italian food.
물론이야. 나는 이탈리아음식을 좋아해.

Me, too.
나도 그래.

Shall we go to an Italian restaurant?
우리 이탈리아음식점에 갈까?

May I take your order?
주문하시겠어요?

May I see the menu?
메뉴 좀 주시겠어요?

Here you are.
여기 있어요.

I want to eat Chinese food.
중국요리를 먹고 싶어요.

Do you enjoy running?
달리는 거 즐기니?

No, I don't. I enjoy walking.
아니, 그렇지 않아. 나는 걷는 걸 좋아해.

Isn't it boring?
지루하지 않니?

Walking is a very nice exercise.
걷는 건 아주 멋진 운동이야.

What do you eat for breakfast?
아침으로 뭘 먹니?

I eat cereal.
곡물식품을 먹어.

I usually have bread and milk.
난 보통 빵과 우유를 먹어.

Sometimes I do, too.
가끔 나도 그걸 먹어.

Do you want to have some cake?
케이크 좀 먹고 싶니?

Yes, please.
응, 부탁해.

Do you want to have some more?
좀 더 먹을래?

No, I'm full.
아니, 배불러.

30

I am baking cookies now.
지금 쿠키를 굽고 있어.

They smell good.
냄새 좋은데.

Try some.
좀 먹어 봐.

Taste good, too.
맛도 좋네.

32

Why were you late for school?
왜 학교에 늦었니?

Because I missed the bus.
버스를 놓쳤기 때문이에요.

Don't be late next time.
다음 번에는 늦으면 안돼.

OK. I won't.
좋아요. 안 늦을게요.

34

What's your favorite subject?
무슨 과목을 제일 좋아하니?

It's science.
과학이야.

I'm bored in math class.
난 수학시간이 지루해.

Me, too.
나도 그래.

How do you go to school?
학교에 어떻게 가니?

I go to school by bike. And you?
자전거 타고 학교에 가. 너는?

I go to school by school bus.
학교 버스 타고 가.

Wow, I envy you.
와, 부럽다.

Can I borrow your eraser?
지우개 좀 빌려 주겠니?

Sure. Here you are.
좋아. 여기 있어.

May I use your pencil?
연필을 좀 써도 될까?

Sure, go ahead.
좋아, 그렇게 해.

I met my girlfriend yesterday.
어제 여자친구 만났어.

Why do you like her?
왜 그 여자애를 좋아해?

Because she's smart.
그 여자애는 똑똑하기 때문이야.

I also want to have a girlfriend.
나도 여자친구를 사귀고 싶어.

Can you tell me about your family?
가족 얘기 좀 해 주겠니?

There are four in my family.
네 식구야.

Who do you like best?
누가 제일 좋니?

I like all my family.
우리 가족 모두를 좋아해.

When does school begin?
학교는 언제 시작이니?

It begins at nine.
9시에 시작해요.

You are late for school. Hurry up!
학교에 늦어. 서둘러!

Oops! It's already nine o'clock.
어머나, 벌써 9시네.

What will you do on Monday?
월요일에 뭐 할 거니?

I will go to the bookstore.
서점에 갈 거야.

What will you do next Sunday?
다음 일요일에는 뭐 할 거니?

I'll go shopping with my mom.
엄마랑 쇼핑갈 거야.

What time is it now?
지금 몇 시니?

It is ten to eight.
8시 10분 전이야.

What time will you call me?
너 몇 시에 나한테 전화할 거니?

At half past nine.
9시 반에.

Which day do you like best?
무슨 요일을 제일 좋아하니?

I like Saturday best.
토요일이 제일 좋아.

Why do you like it?
왜 그날을 좋아하니?

I feel free on Saturday.
토요일에는 자유로워.

What day is it today?
오늘 무슨 요일이니?

It's Tuesday. 화요일이야.

I don't like Wednesday and Thursday.
난 수요일과 목요일이 싫어.

I like Friday best.
난 금요일이 제일 좋아.

What's the weather like?
날씨가 어때?

It's getting very cloudy.
날씨가 잔뜩 흐려지고 있어.

Do you think it will rain?
비가 올 것 같니?

No, it looks like it will snow.
아니, 눈이 올 것 같아.

Hello? This is Dong-ho.
여보세요? 동호예요.

Hi, Dong -ho.
안녕, 동호.

May I speak to Lina?
리나와 통화할 수 있어요?

Hold on, please.
기다리렴.

Excuse me, but I have a question.
실례지만, 말씀 좀 묻겠어요.

Sure. What would you like to know?
네. 무슨 일이에요?

I don't know where I am.
여기가 어딘지 몰라서요.

You are near City Bank.
씨티은행 근처예요.

It's a fine day, isn't it?
날씨 좋다, 그렇지 않니?

Yes, it is.
응, 그래.

I love sunny days.
난 화창한 날을 좋아해.

Me, too.
나도 그래.

I'd like to speak to Dong-ho, please.
동호와 통화하고 싶어요.

He's not here right now.
동호는 지금 여기 없어.

I'll call again later.
나중에 다시 걸게요.

May I ask who's calling?
누군지 물어 봐도 되겠니?

**Can you tell me where
the bus terminal is?**
버스정류장이 어디 있는지 알려 주겠어요?

Just go straight. 곧장 앞으로 가세요.

Is it far from here?
여기서 먼가요?

No, it takes five minutes on foot.
아니오, 걸어서 5분 걸려요.

🌀 학습 가이드 스티커

부모님, 선생님, 처음부터 끝까지 함께해 주세요!
옆에서 사랑으로 지도해 주시면 아이들의 영어 실력이 쑥쑥 자랄 거예요!

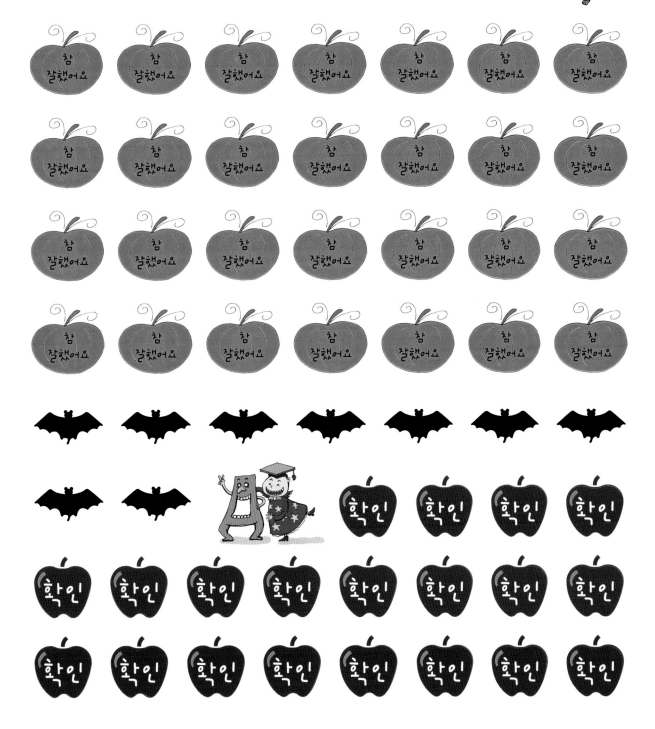